LA CONFESIÓN DE AUGSBURGO COMENTADA

Un estudio de las doctrinas defendidas y las rechazadas en la Dieta de Augsburgo, convocada por Carlos V, emperador del Santo Imperio Romano de la Nación Alemana en 1530.

Fundada en 1869 como el brazo editorial de la Iglesia Luterana - Sínodo de Missouri, Concordia Publishing House le da a Dios toda la gloria por la bendición de 150 años de oportunidades para proporcionar recursos fieles a las Sagradas Escrituras y a las Confesiones Luteranas.

3558 South Jefferson Avenue, Saint Louis, Missouri, 63118-3968 U.S.A.
1-877-450-8694 • editorial.cph.org

El texto de la Confutación que forma la base de esta traducción castellana es el texto alemán que aparece en *Dr. Martin Luthers Sämmtliche Schriften*, de Juan Jorge Walch, edición de Saint Louis, MO, 1907, Tomo XVI, 1026-1063.

Los textos bíblicos de la Confutación son de la Biblia Nacar Colunga 1944. Biblioteca de Autores Cristianos, La Editorial Católica, S. A. Madrid.

El libro completo que se publica aquí fue preparado por el profesor del Seminario Concordia E. J. Keller y publicado en Villa Ballester, Buenos Aires, Argentina en 1960.

Editorial Concordia es la división hispana de Concordia Publishing House.

Impreso en los Estados Unidos de América.

CONTENIDO

PREFACIO

La fe ecuménica de la Iglesia cristiana ha sido expresada de distintas maneras y en muchas oportunidades a través de la historia. La fórmula o confesiones de los creyentes dan expresión a esa fe, única y universal, a veces de una manera más amplia y detallada, a veces de una manera sucinta y muy concreta. Cuando en Alemania se suscitó una división dentro de la Iglesia Católica Romana, expresando unos su fe de acuerdo a las verdades católico-cristianas y otros expresando su fe de acuerdo a las doctrinas y tradiciones católico-romanas, parecía inevitable una división que rebasaría los límites meramente confesionales y religiosos entre la gente. El emperador Carlos V, por razones de política imperial en primer término, quiso evitar el cisma religioso, y con este fin convocó en 1530 una dieta, o sea un congreso, invitando a príncipes y gobernadores civiles así como también dignidades eclesiásticas, incluso representantes del papa en Roma, a que se reuniesen y se pusiesen de acuerdo en cuanto a la confesión y profesión de la fe cristiana.

Los evangélicos, o sea los seguidores del monje agustino, el Dr. Martín Lutero, llamados protestantes desde el año anterior, prepararon su confesión, redactada por el erudito Felipe Melanchton, profesor de la Universidad de Wittenberg, y presentada por el elector Federico el Sabio de Sajonia en unión con otros príncipes y ciudades. La presentación se realizó el 25 de junio de 1530, y, conforme al manifiesto del emperador Carlos V, los evangélicos esperaban que también los católico-romanos presentasen su punto de vista y opinión, a fin de que las discusiones pudiesen proceder con amor y benignidad, según lo declarara el mismo emperador.

Ya que presuponían que habían sido llamados a Augsburgo para demonstrar que la doctrina del papa era idéntica a la antigua fe cristiana, los católico-romanos declararon que era innecesaria una presentación de sus puntos de vista. Según ellos, los luteranos se habían hecho culpables de apostasía y rebeldía contra el papa y la Iglesia, contra el emperador y el reino. Alegaban, pues, que no era necesario sentenciarlos, pues ya habían sido sentenciados, y que el deber de la Dieta era el de confirmar y ejecutar la sentencia. Por consiguiente, sólo restaba al emperador el cumplir con su oficio de guardián y protector de la Iglesia, y juntamente con los príncipes y estados, proseguir a castigar severamente a los herejes. Aun en las discusiones posteriores, que se iniciaron con miras de lograr una reconciliación, los católico-romanos se rehusaron a abandonar esta su actitud. Desde el principio hasta el fin procedieron como acusadores, fiscales y jueces de los luteranos. Tampoco podía esperarse otra cosa, ya que, muy contrario al punto de vista de los evangélicos, ellos no consideraban a la Palabra de Dios, sino al papa, como árbitro supremo en asuntos religiosos.

Nuevamente surge entre los católico-romanos como también entre los protestantes la verdad, de que contribuyen más a la ecumenicidad externa de la Iglesia, quienes fielmente confiesan las verdades universales del cristianismo, verdades tales como las que los evangélicos defendieron en la Dieta de Augsburgo. Por presentar verdades ecuménicas del cristianismo, la Confesión de Augsburgo, entendida correctamente, no es un credo particular de los luteranos, sino que es una confesión de fe de los creyentes cristianos. Por supuesto, los luteranos, por ser herederos espirituales de la obra de Lutero y sus colaboradores, tienen un interés especial en estudiar esos documentos que presentan la fe defendida por ellos, pero también los protestantes en general, se interesan muchísimo en distinguir entre lo que enseña la Biblia y lo que es producto humano asociado con las organizaciones o denominaciones eclesiásticas. Tampoco podemos dejar fuera de estas consideraciones a todos los católico-romanos, pues, espero que hay muchos entre ellos, quienes, a medida que su organización avanza apartándose oficialmente más y más del cristianismo, se interesen también en saber por qué no fueron subsanadas esas divisiones en la Iglesia occidental, y nuevamente se dediquen a estudiar las doctrinas cristianas.

El texto en latín y en alemán de la Confesión de Augsburgo, usados aquí, se hallan en Concordia Triglotta, publicada por Concordia Publishing House, St. Louis, Mo., 1921. El texto en español fue publicado por la misma casa editorial en 1942. La exposición de los distintos artículos de la Confesión es una traducción de la obra del Dr. C. H. Little, profesor en el Seminario Evangélico Luterano de Canadá, Waterloo, Ontario, y apareció en inglés en su libro *Lutheran Confessional Theology*, Concordia Publishing House, St. Louis, Mo., 1943. Sobre la Confutación y el texto de la misma, véase la introducción histórica de esa sección.

Agradezco al Dr. Little por su permiso de traducir y publicar los estudios preparados por él, al Prof. David Schmidt, del Seminario Concordia de Villa Ballester, por su valiosísima cooperación en la preparación del manuscrito, y al Lic. Jacinto Terán por su revisación de la versión en español de esas exposiciones.

Dedicamos esta obra a los estudiantes a través de la América latina que se interesen en propagar el Evangelio de Nuestro Señor Jesucristo, y quienes siempre están dispuestos a responder con mansedumbre y reverencia a cada uno que demande razón de la esperanza que hay en ellos.

E. J. Keller, profesor
Seminario Concordia
Villa Ballester, Bs. As.
Argentina
1960

CONFESIÓN DE FE

Presentada al ilustrísimo, poderosísimo e invencible Emperador Carlos V en la Dieta de Augsburgo el año 1530.

Salmo 119:46
En presencia de reyes hablaré de tus testimonio, y no tendré de qué avergonzarme.

PREFACIO

Al Emperador Carlos V

¡Ilustrísimo, poderosísimo e invencible emperador, clementísimo Señor! En cuanto Vuestra Majestad Imperial ha convocado una dieta imperial en Augsburgo para deliberar sobre qué medidas deben tomarse en contra del turco, ese atroz, hereditario y antiquísimo enemigo del nombre y de la religión cristianos, es decir, de qué manera puede resistirse eficazmente su furor y ataques, con provisiones militares fuertes y permanentes; y luego, también deliberar concerniente a las disensiones referentes a nuestra santa religión y fe cristiana, para que, en este asunto de la religión, estando presentes los unos con los otros, se escuchasen las opiniones y los juicios de ambos partidos, considerando y meditando estas cosas con caridad, lenidad y bondad mutuas, a fin de que, habiendo quitado y corregido tales cosas que de manera distinta han sido tratadas y entendidas por uno u otro lado, estos asuntos pueden ser arreglados y restablecidos a una sola verdad sencilla y concordia cristiana, y en el futuro, que se acepte y mantenga entre nosotros una sola verdadera y pura religión y, ya que estamos y luchamos todos bajo un solo Cristo, que podamos vivir en unidad y paz en una sola Iglesia cristiana.

En cuanto a nosotros, los que subscribimos, el elector y los príncipes y los demás que están con nosotros, fuimos llamados a dicha Dieta, lo mismo como los otros electores, príncipes y estados, y hemos llegado sin demora a Augsburgo, obedientes al mandato imperial y, sin jactamos de ello, fuimos los primeros en estar aquí.

Siendo que Vuestra Majestad Imperial aquí en Augsburgo, desde el principio de la Dieta, hizo proponer a los electores, príncipes y otros estados del imperio, entre otras cosas, esto de que los distintos estados imperiales, de acuerdo al edicto imperial, deben proponer y entregar sus opiniones y juicios en el idioma latín y alemán, y siendo que el miércoles siguiente se le contestó a Vuestra Majestad Imperial, después de seria deliberación, que, de nuestra parte, presentaríamos los artículos de nuestra confesión el viernes próximo, por lo tanto, obedientes a los deseos de Vuestra Majestad Imperial, ofrecemos, en este asunto de la religión, la confesión de nuestros predicadores y de nosotros mismos, demostrando qué clase de doctrina, extraída de las Sagradas Escrituras y de la pura Palabra de Dios, se ha establecido hasta este momento en nuestras tierras, ducados, dominios y cuidados, y se ha enseñado en nuestras iglesias.

Y si los demás electores, príncipes y estados del imperio presentarán, conforme a la ya citada proposición imperial, escritos similares, esto es, en latín y en alemán, en que expresan sus opiniones respecto a este asunto de la religión, nosotros, juntamente con los príncipes y amigos ya mencionados, estamos preparados aquí ante Vuestra Majestad Imperial, nuestro clementísimo señor, a considerar amistosamente todos los medios y arbitrios posibles para que nos unamos, en cuanto se puede hacerle honradamente, y, habiendo discutido el asunto entre los dos amistosamente y sin contenciones ofensivas, se ponga fin al cisma, con la ayuda de Dios, y se vuelva a la una y verdadera religión correcta, pues ya que estamos y luchamos todos bajo un solo Cristo, debemos confesar este único Cristo, conforme al tenor del edicto de Vuestra Majestad Imperial, y todo debe hacerse de acuerdo a la verdad divina, y esto es lo que nosotros con las más fervientes oraciones imploramos a Dios.

Sin embargo, en cuanto a los demás electores, príncipes y estados que constituyen el partido opuesto, si no hay ningún progreso, tampoco resultado alguno, logrado por medio de esta manera de tratar el asunto de la religión, manera que Vuestra Majestad Imperial sabiamente ha mantenido que debe emplearse al considerar y tratar de este asunto, a saber, por medio de la conferencia calma entre nosotros, entonces nosotros, por lo menos, dejamos con Vuestra Majestad un testimonio claro que de ninguna manera estamos reteniendo algo que podría establecer un acuerdo cristiano, realizado con Dios y con una conciencia buena, cosa que también Vuestra Majestad Imperial y los demás electores y estados imperiales y todos los que tienen amor y celo sinceros por la religión y que escuchan desinteresadamente este asunto, han de notar benignamente y comprender, gracias a esta nuestra confesión y nuestros asociados.

Vuestra Majestad Imperial también, no solamente una sino muchas veces, ha dado a entender a los electores, los príncipes y estados del imperio, como en la Dieta de Espira del año 1526, según la forma de Vuestra instrucción imperial y de la comisión dada y prescrita, haciéndolo que sea dicho y proclamado públicamente, que Vuestra Majestad, en cuanto a este asunto de la religión, por ciertas razones avanzadas en nombre de

Vuestra Majestad, no estaba dispuesto a decidir y no podía determinar cosa alguna, sino que Vuestra Majestad haría uso diligente del oficio de Vuestra Majestad ante el pontífice romano, a que se convocara un concilio general. Este mismo asunto fue presentado así públicamente, de manera más amplia, hace un año en la Dieta reunida en Espira. Allí Vuestra Majestad Imperial, por medio de Su Excelencia Fernando, rey de Bohemia y Hungría, amigo y clemente señor nuestro, como también por medio del orador oficial y los comisionados imperiales, hizo presentar entre otras cosas también esta: que Vuestra Majestad Imperial se ha dado cuenta y ha meditado la resolución de los representantes de Vuestra Majestad a través del imperio y del presidente y de los asesores imperiales y de los legados y otros estados reunidos en Ratisbona, referente a la convocación de un concilio, y que Vuestra Majestad Imperial también lo juzgó prudente el convocar un concilio; y que Vuestra Majestad Imperial no dudaba de que el pontífice romano podía ser inducido a tener un concilio general, porque los asuntos a arreglarse entre Vuestra Majestad Imperial y el pontífice romano se acercaban a un acuerdo y reconciliación cristiana. Por lo tanto, Vuestra Majestad Imperial mismo dio a entender que trataría de conseguir el consentimiento de dicho pontífice romano para convocar, en unión con Vuestra Majestad Imperial, ese concilio general, lo cual sería anunciado tan pronto como fuera posible por medio del envío de cartas.

Si resultara, entonces, que las diferencias entre nosotros y los otros partidos, en este asunto de la religión, no se arreglan de manera amistosa y con caridad, entonces aquí ante Vuestra Majestad Imperial, obedientemente ofrecemos como añadidura a lo que ya hemos hecho, que aparezcamos todos y defendamos nuestra causa en ese concilio cristiano general y libre, por cuya convocación ya ha existido acción de acuerdo y concordancia de votos en todas las dietas imperiales reunidas durante el reinado de Vuestra Majestad Imperial, por parte de los electores, los príncipes y otros estados del imperio.

A la asamblea de ese concilio general y, al mismo tiempo, a Vuestra Majestad Imperial, nosotros hemos dirigido, en la debida forma y manera legales, ya antes de esto, haciendo apelación en cuanto a este asunto, por mucho el más importante y más grave. Todavía nos adherimos a esta apelación, tanto a Vuestra Majestad Imperial como al concilio, y no tenemos la intención, tampoco sería posible, que nosotros desistamos de ello por medio de este u otro documento alguno, a no ser que el asunto entre nosotros y el otro partido, de acuerdo al tenor de la última cita imperial, se arreglase, se aquietase y se llevase a un acuerdo cristiano de manera amistosa y caritativa; y en cuanto a esto, aún aquí nosotros testificamos solemne y públicamente.

LOS ARTÍCULOS PRINCIPALES DE FE

Artículo 1

DE DIOS

Nuestras iglesias enseñan de común acuerdo que el decreto del Concilio de Nicea,[1] referente a la unidad de la Divina Esencia, y a las tres personas, es verdadero y debe ser creído sin género alguno de duda; a saber, que hay una Esencia divina, que se llama y que es Dios, eterno, incorpóreo, indivisible, de inmenso poder, sabiduría y bondad, Creador y Conservador de todas las cosas, visibles e invisibles; y sin embargo, que son tres personas de la misma esencia y poder, y coeternas, el Padre, y el Hijo, y el Espíritu Santo. Y usase la palabra persona en la misma significación con que la usaron los escritores eclesiásticos en esta materia, para significar, no una parte o una cualidad existente en otra persona, sino lo que subsiste por sí mismo.

Condenamos todas las herejías levantadas en contra de este artículo, como a los maniqueos,[2] que pusieron dos principios, uno del bien y otro del mal; también a los valentinianos,[3] arrianos,[4] eunomianos,[5] mahometanos,[6] y todos sus similares. Condenamos también a los samosatenses,[7] antiguos y modernos, quienes, al par que sostienen que hay una sola persona en Dios, arguyen astuta e impíamente del Verbo y del Espíritu Santo que no son personas distintas, sino que

---

1 El Concilio de Nicea fue convocado por Constantino el Grande, el año 325, en Nicea, de Bitinia, en Asia Menor, hoy Isnik, Turquía.

2 Los *maniqueos* constituían una secta fundada por Mani, en Persia, en el tercer siglo de la era cristiana. Consideraban al diablo, no como creatura, sino como Dios, creando así el dualismo, es decir, el error de que existan dos dioses, uno bueno y otro malo.

3 Los *valentinianos* eran los adeptos a la secta fundada por Valentín, en el segundo siglo de la era cristiana. Esta secta gnóstica se decía poseedora de conocimientos ocultos. Negaba la doctrina bíblica de la Trinidad divina.

4 Los *arrianos* eran seguidores de la doctrina de Arrio, fallecido en 336, en Constantinopla. Negaban la divinidad de Jesucristo. La herejía arriana fue condenada por el Concilio de Nicea.

5 Los *eunomianos* eran los secuaces de Eunomio, obispo de Císico, en la Misia, de Asia Menor, durante el cuarto siglo de nuestra era. Enseñaban que Jesucristo no era más que una creatura y por tanto inferior al Padre.

6 Los *mahometanos* son los discípulos de Mahoma, nacido en La Meca, de Arabia, el año 570. El mahometismo, también llamado islam o islamismo, niega la trinidad de Dios.

7 Los *samosatenses* eran los discípulos de Pablo de Samosata, obispo de Antioquía, en el tercer siglo de la era cristiana. Negaban la trinidad de Dios, y la divinidad de Jesucristo. Esta herejía resurgió en el siglo 16 y es defendida hasta el día de hoy por los llamados unitarios o antitrinitarios.

verbo significa la palabra hablada, y espíritu significa el movimiento creado en las cosas.

Exposición del Dr. Little

La doctrina de Dios expuesta en el primer artículo de la confesión no era cuestión de controversia entre la Iglesia Católica Romana y los luteranos cuando se aprobó la Confesión de Augsburgo en el año 1530, sino que en este artículo se presenta la verdad que todos los cristianos creen y que forma la base de la fe cristiana. Si una persona debe o no ser considerada cristiana se determina por el hecho de aceptar o rechazar este artículo. Probablemente fue insertado en la confesión a causa de las 404 quejas, levantadas contra los reformadores por el doctor Eck, quien les atribuyó todas las herejías que podía recordar de los siglos anteriores, y quien los caracterizó como de "peores que los turcos". Para neutralizar estas calumnias fue considerado prudente presentar, de manera positiva, lo que los luteranos, en verdad creen con respecto a este asunto. Tenemos en este artículo 1) la doctrina positiva, 2) las condenaciones específicas.

Doctrina positiva

La primera declaración es: "nuestras iglesias enseñan, de común acuerdo, que el decreto del concilio de Nicea, referente a la unidad de la Divina Esencia y a las tres personas, es verdadero y debe ser creído sin género de duda alguna". El Credo Niceno enseña explícitamente la unidad de la divinidad, con las siguientes palabras: "Creo en un Dios". En pleno acuerdo con la declaración de ese credo, los confesores luteranos declaran de manera inequívoca "que hay una Esencia Divina, que se llama y que es Dios". Pero las palabras del Credo Niceno y las de la confesión de Augsburgo son únicamente palabras humanas y, por sí mismas, no tienen autoridad; deben fundarse en la revelación de Dios, dada en las Sagradas Escrituras. ¿Estarán en armonía con las Sagradas Escrituras? Para contestar definitivamente a esta pregunta, es necesario consultar solamente unos cuantos textos: "Yo soy el Señor tu Dios... no tendrás dioses ajenos delante de mí" (Ex 20:2-3); "Oye, Israel: el Señor nuestro Dios, el Señor es uno" (Dt 6:4); "Yo soy el Señor, y nadie más. No hay Dios fuera de mí" (Is 45:5); "No hay más Dios que yo, Dios justo y Salvador. ¡No hay otro fuera de mí!" (Is 45:21-22); "Sabemos... solamente hay un Dios" (1 Co 8:4). "Así como ustedes fueron llamados a una sola esperanza, hay también un cuerpo y un Espíritu, un Señor, una fe, un bautismo, y un Dios y Padre de todos, el cual está por encima de todos, actúa por medio de todos, y está en todos" (Ef 4:4-6).

Luego de establecer firmemente la cuestión de la unidad divina, enumeran ciertos atributos de este único Dios. Él es eterno. "Antes de que nacieran los montes y de que formaras la tierra y el mundo; desde los tiempos primeros y hasta los tiempos postreros, ¡tú eres Dios!" (Sal 90:2); "Dios es Espíritu; y es necesario que los que lo adoran, lo adoren en espíritu y en verdad" (Jn 4:24); él es todopoderoso, o sea, de inmenso poder. "Abrán tenía noventa y nueve años de edad cuando el Señor se le apareció y le dijo: 'Yo soy el Dios Todopoderoso. Anda siempre delante de mí y sé perfecto'" (Gn 17:1); "Para Dios todo es posible" (Mt 19:26). Con su poder, el Señor hizo la tierra; con su saber, puso orden en el mundo; con su sabiduría, extendió los cielos" (Jer 10:12); "¡Tus obras, Señor, son innumerables!" (Sal 104:24); "Por tanto, al Rey de los siglos, al inmortal e invisible, al único y sabio Dios, sean el honor y la gloria por los siglos de los siglos. Amén" (1 Ti 1:17).

Él es de bondad sin fin. "Ciertamente, la palabra del Señor es recta; todo lo hace con fidelidad. El Señor ama la justicia y el derecho" (Sal 33:4-5); "¿No te das cuenta de que menosprecias la benignidad, la tolerancia y la paciencia de Dios, y que ignoras que su benignidad busca llevarte al arrepentimiento?" (Ro 2:4). Finalmente, él es el Creador y Conservador de todas las cosas, visibles e invisibles. "Dios, en el principio, creó los cielos y la tierra" (Gn 1:1); "¡Tú, Señor, cuidas de hombres y animales!" (Sal 36:6).

Tan claro como el Credo Niceno enseña la unidad de la divinidad, enseña también la igualdad de persona. Muy conocido es este credo y lo citamos solamente en parte: "Creo en un Dios Padre Todopoderoso, Creador del cielo y de la tierra, y de todas las cosas visibles e invisibles. Y creo en un Señor Jesucristo, Hijo unigénito del Padre antes de todos los siglos, Dios de Dios, Luz de Luz, verdadero Dios del verdadero Dios, engendrado, no hecho, consubstancial al Padre, por quien todas las cosas fueron hechas... Y creo en el Espíritu Santo, Señor y vivificador, quien procede del Padre y del Hijo; quien es adorado y glorificado juntamente con el Padre y el Hijo; quien habló por los profetas". En completa armonía con este credo, el artículo primero confiesa que "son tres personas de la misma esencia y poder y coeternas: El Padre, el Hijo y el Espíritu Santo". El punto que se debe notar es este: mientras este artículo hace referencia únicamente al Credo Niceno, es evidente del uso y la explicación de la palabra "persona", que toma en cuenta también el Credo Atanasiano. Este credo de Atanasio presenta tan claramente la distinción entre las tres personas de la divinidad que un cristiano debe fijarse en ella y tenerla presente cuando venga la oportunidad de confesar su fe. Dice: "Una es la persona del Padre, otra la del Hijo, otra la del Espíritu Santo. Pero una sola es la divinidad del Padre, y del Hijo y del Espíritu Santo; igual es la gloria y coeterna la majestad: Cual el Padre, tal el Hijo, tal el Espíritu Santo. El Padre es inmenso, el Hijo es inmenso, el Espíritu Santo es inmenso. El Padre es eterno, el Hijo es eterno, el Espirito Santo es eterno. Sin embargo no son tres eternos, sino un eterno. Increado el Padre, increado el Hijo, increado el Espirito Santo. Tampoco son tres increados, ni tres inmensos, sino un Increado y un Inmenso. El padre es Todopoderoso, el Hijo es Todopoderoso, el Espíritu Santo es Todopoderoso. Sin embargo no son tres todopoderosos, sino un Todopoderoso. Así que el Padre es Dios, el Hijo es Dios, el Espíritu Santo es Dios. Sin embargo, no son tres dioses, sino un solo Dios. Asimismo el Padre es Señor, el Hijo es Señor, el Espíritu Santo es Señor. Sin embargo, no son tres señores, sino un solo Señor. Porque, así como somos compelidos por la verdad cristiana a confesar a cada una de las tres personas, por sí misma, Dios y Señor, así nos prohíbe la religión cristiana decir que son tres dioses y tres señores. El Padre no fue hecho por nadie, ni creado, ni engendrado. El Espíritu Santo es del Padre y del Hijo; no hecho, ni creado, ni engendrado, sino procedente. Así que es un Padre, y no tres padres, un Hijo y no tres hijos, un Espíritu Santo y no tres espíritus santos. Y en esa trinidad ninguno es primero ni postrero; ninguno mayor o menor; sino que todas las tres personas son coeternas juntamente y coiguales; así que en todas las cosas, como queda dicho, debe ser venerada la Trinidad". Aquí se manifiestan claramente las diferencias en las peculiaridades, verbigracia: "no engendrado" se dice del Padre, "engendrado" del Hijo, y "procedente" del Espíritu Santo. Todas estas son distinciones eternas en el Dios Trino. Este testimonio es en sumo grado completo y bien expresado en el Credo Atanasiano que Lutero estimó más que cualquier otro escrito de mano de hombre, fuera de la Biblia. En la liturgia se lo puede usar el domingo de Trinidad y en los cultos matutinos en lugar de la Salmodia. ¿Tiene este credo fundamento sólido en las Escrituras? Para averiguarlo, dejemos que hablen los siguientes textos de la Biblia:

"Desde el punto de vista humano, vino Cristo, el cual es Dios sobre todas las cosas. ¡Bendito sea por siempre!" (Ro 9:5); "Por tanto, quiero que sepan que nadie que hable por el Espíritu de Dios puede maldecir a Jesús; y que nadie puede llamar 'Señor' a Jesús, si no es por el Espíritu Santo" (1 Co 12:3); "Porque la profecía nunca estuvo bajo el control de la voluntad humana, sino que los santos hombres de Dios hablaron bajo el control del Espíritu Santo" (2 P 1:21); "Según el propósito de Dios Padre y mediante la santificación del Espíritu, para obedecer a Jesucristo y ser limpiados con su sangre" (1 P 1:2); "Y por cuanto ustedes son hijos, Dios envió a sus corazones el Espíritu de su Hijo, el cual clama: '¡Abba, Padre!'" (Gl 4:6). Además de estos textos claros, tenemos la bendición aarónica en Nm 6:24-26, la bendición apostólica en 2 Co 13:13, la gran comisión en Mt 28:19, y el bautismo de Cristo en el Jordán, donde el Hijo es bautizado, el Espíritu Santo desciende sobre él, y se oye la voz del Padre diciendo: "Éste es mi Hijo amado, en quien me complazco" (Mt 3:16-17).

Las condenaciones específicas

La doctrina de la Trinidad es un gran misterio que trasciende los límites de la razón humana. Los esfuerzos de racionalizar este misterio produjeron varias herejías, y por causa de estas herejías, era necesario formular los credos, es decir, exponer la enseñanza de las Escrituras de tal manera que no fuera malentendida ni pervertida.

Este artículo menciona y condena las siguientes sectas heréticas: 1) Los maniqueos, seguidores de Mani, filósofo persa del tercer siglo, quienes enseñaban la oposición eterna entre los dos principios, el bien y el mal. Seguían esta enseñanza, durante la Edad Media, tales sectas como los cátaros (se denominaban así porque se presentaban como los únicos perfectos y puros), y los albigenses. El Dr. Eck trató de culpar a los luteranos de esta herejía. 2) Los valentinianos, seguidores de Valentín, jefe de una nueva secta de gnósticos del siglo segundo, que enseñaban que hay una multiplicidad de deidades que emanan en pares de una fuente divina. 3) Los arrianos, seguidores de Arrio del cuarto siglo, quienes negaban la deidad de Cristo, suponiendo que era meramente una creatura de Dios, a lo sumo, un semidiós. 4) Los eunomianos, seguidores de Eunomio, quienes llevaron al extremo la doctrina de Arrio, enseñando que Cristo, lejos de ser de la misma o de semejante esencia del Padre, era de esencia distinta. 5) Los mahometanos, seguidores de Mahoma, nacido cerca de 570, negaron la Trinidad y reconocieron a Mahoma como profeta máximo de Dios. 6) Los samosatenses, antiguos y modernos, seguidores de Pablo de Samosata, cuya doctrina característica enseñaba que el Verbo y el Espíritu Santo no eran personas distintas, sino que el Verbo significa la palabra hablada y el Espíritu significa una moción en las cosas creadas.

La doctrina de Sabelio, a saber, que Dios se manifestó primeramente como Padre, luego como Hijo y finalmente como Espíritu Santo, no se menciona en este artículo, pero por implicación, también es condenada. Esta es también doctrina de los actuales seguidores de Schwedenborg.

Artículo 2

DEL PECADO ORIGINAL

Nuestras iglesias enseñan también que, desde la caída de Adán, todos los hombres, engendrados según la naturaleza, nacen con pecado; esto es, sin temor de Dios, sin confianza en Dios, y con la concupiscencia; y que esta enfermedad o vicio de origen es verdaderamente pecado, que ahora mismo condena y trae la muerte eterna a los que no nacieron otra vez por el Bautismo y el Espíritu Santo.

Condenamos a los pelagianos[8] y a otros, quienes niegan que el vicio de origen sea pecado y, teniendo en poco la gloria del mérito y de los beneficios de Cristo, sostienen que el hombre puede ser justificado delante de Dios por sus propias fuerzas racionales.

Exposición del Dr. Little

Era necesario incluir este artículo en la Confesión a causa del concepto superficial que regía en la Iglesia Católica Romana con respecto al pecado. El artículo es brevísimo, pero presenta claramente la enseñanza bíblica sobre el pecado original y manifiesta el lugar importante que esta doctrina ocupa en el sistema de dogmática cristiana. Este artículo, siguiendo inmediatamente en pos del artículo sobre Dios, Creador y Protector del hombre, expone la perdición que el hombre trajo sobre sí mismo por medio del primer pecado, y prepara así el camino para la introducción del tercer artículo que trata del plan divino de rescatar al hombre de la condenación traída merced a su rebelión contra Dios. Este segundo está también en relación estrecha con el artículo cuatro, de la justificación; porque, como dice Melanchton en la Apología: "No se puede entender la magnitud de la gracia de Cristo si no es reconocida nuestra enfermedad".

Tenemos en el artículo: 1) la doctrina positiva, y 2) las condenaciones.

---

8 Los pelagianos eran los discípulos de Pelagio, monje inglés del siglo 5 de nuestra era, el cual enseñaba no haberse corrompido la naturaleza humana por la caída de Adán. Según su doctrina el hombre nace sin virtudes, pero también sin vicios, gozando del libre albedrío para escoger una u otra cosa de las dos.

La doctrina positiva

Las palabras del artículo: "la caída de Adán", nos informan sobre la introducción del pecado original en el mundo. Es digno de atención que no se dijo: "la caída de nuestros primeros padres", tampoco: "la caída de Eva", aunque fue ella quien cayó primeramente en pecado. Por este discernimiento se observa el carácter bíblico de la Confesión, porque las Escrituras declaran inequívocamente: "El pecado entró en el mundo por un solo hombre" (Ro 5:12). La raza humana es una unidad, y en Adán, Eva inclusive, tenemos el padre de todos los seres humanos. Dios, "De un solo hombre hizo a todo el género humano, para que habiten sobre la faz de la tierra" (Hch 17:26). Toda la raza humana se edificó sobre Adán y con su caída, caímos todos. "*Adam's fall was the ruin of us all*",[9] reza el dicho inglés.

Luego, el artículo menciona el alcance del pecado original. Con las palabras: "todos los hombres, engendrados según la naturaleza, nacen con pecado", se demuestra que el alcance del pecado, en cuanto se refiere a la raza humana, es universal, con una sola excepción. Esta excepción es Jesús, el Redentor del mundo. Él queda exceptuado porque no fue engendrado "según la naturaleza". El pecado pertenece únicamente a los hombres pervertidos. El hombre Jesucristo es Dios, antes y después de su encarnación. Él era desde la eternidad y es para siempre la segunda persona de la Trinidad, el eterno Hijo Unigénito de Dios. Por lo tanto, cuando vivió visiblemente entre los hombres, él pudo decir lo que ningún otro se atrevería a decir: "Viene el príncipe de este mundo, que ningún poder tiene sobre mí" (Jn 14:30).

Después de la caída, Adán tuvo una naturaleza corrompida y, siguiendo el principio: de tal palo, tal astilla, todos sus descendientes nacen con una naturaleza corrompida, semejante a la de él. De esto no hay excepción, ni aún la virgen María, como sostienen erróneamente los católicos romanos.

Esta es la enseñanza uniforme de las Escrituras como los siguientes textos, entre muchos otros, lo demuestran: "Por cuanto todos pecaron, y están destituidos de la gloria de Dios" (Ro 3:23); "Pero la Escritura lo encerró todo bajo pecado, para que la promesa que es por la fe en Jesucristo fuera dada a los creyentes" (Gl 3:22); "¡Mírame! ¡Yo fui formado en la maldad! ¡Mi madre me concibió en pecado!" (Sal 51:5). "Jesús le respondió: 'De cierto, de cierto te digo, que el que no nace de agua y del Espíritu, no puede entrar en el reino de Dios. Lo que nace de la carne, carne es; y lo que nace del Espíritu, espíritu es. No te maravilles de que te dije que es necesario que ustedes nazcan de nuevo'" (Jn 3:5-7); "Entre

---

9 La caída de Adán fue la ruina de todos nosotros.

ellos todos nosotros también vivimos... y éramos por naturaleza objetos de ira, como los demás" (Ef 2:3). Se pueden citar muchos otros textos, pero bastan estos para establecer que el pecado es universal.

El artículo habla luego de las consecuencias del pecado original, definiéndolas tanto negativa como positivamente.

Negativamente, el pecado original se manifiesta en lo que hemos perdido. Esto es: el de ser "sin temor de Dios, sin confianza en Dios". Esto significa que por naturaleza, desde el principio de nuestra vida hasta el renacimiento, no hay temor verdadero de Dios en nuestros corazones y no puede haberlo. Asimismo en el hombre no regenerado, no hay ni puede haber confianza en Dios, fe en Dios, amor hacia Dios. El mismo poder para hacer esto falta. Tenemos que confesar con las palabras del catecismo: "Creo que, por mi propia razón y poder, no puedo creer en Jesucristo mi Señor, ni venir a él."[10] Este hecho queda atestiguado ampliamente por las Escrituras. He aquí el testimonio, p ej.: "Las intenciones de la carne llevan a la enemistad contra Dios; porque no se sujetan a la ley de Dios, ni tampoco pueden" (Ro 8:7); "Pero el hombre natural no percibe las cosas que son del Espíritu de Dios, porque para él son una locura; y tampoco las puede entender, porque tienen que discernirse espiritualmente" (1 Co 2:14).

Positivamente, el pecado original se manifiesta en esto: que nacemos con concupiscencia, o sea la inclinación de hacer lo malo. El deseo malo ocupa el lugar de los afectos piadosos, y el egoísmo domina el corazón del hombre natural. Por la caída el hombre no perdió su personalidad, tampoco deja de ser hombre; pero perdió la imagen de Dios en la cual fue creado y que era su dotación más noble. En lugar de temor y amor hacia Dios, el deseo carnal llega a ser, de allí en adelante, el poder motivador en su alma, dominando su vida entera y se cambia en fuente fecunda de todos los pecados actuales. Así atestiguan las Escrituras: "Como está escrito: '¡No hay ni uno solo que sea justo! No hay quien entienda; no hay quien busque a Dios. Todos se desviaron, a una se han corrompido. No hay quien haga lo bueno, ¡no hay ni siquiera uno!'" (Ro 3:10-12); "El buen árbol no puede dar frutos malos, ni el árbol malo dar frutos buenos" (Mt 7:18); "Porque del corazón salen los malos deseos, los homicidios, los adulterios, las fornicaciones, los robos, los falsos testimonios, las blasfemias" (Mt 15:19); "El corazón es engañoso y perverso, más que todas las cosas. ¿Quién puede decir que lo conoce?" (Jer 17:9); "Por lo tanto, hagan

---

10 Explicación del tercer artículo del Credo Apostólico en el Catecismo Menor de Lutero.

morir en ustedes todo lo que sea terrenal: inmoralidad sexual, impureza, pasiones desordenadas, malos deseos y avaricia. Eso es idolatría" (Col 3:5).

Finalmente, este artículo declara, referente al pecado original, que "esta enfermedad o vicio de origen es verdadera mente pecado que ahora mismo condena y trae la muerte eterna a los que no nacieron otra vez por el Bautismo y el Espíritu Santo". Examinemos esta declaración a la luz de las Escrituras. Se debe notar que el pecado original se llama expresamente pecado en muchos textos bíblicos: "¡Mírame! ¡Yo fui formado en la maldad! ¡Mi madre me concibió en pecado!" (Sal 51:5); "El pecado entró en el mundo por un solo hombre, y por medio del pecado entró la muerte, así la muerte pasó a todos los hombres, por cuanto todos pecaron" (Ro 5:12); "No permitan ustedes que el pecado reine en su cuerpo mortal, ni lo obedezcan en sus malos deseos" (Ro 6:12); "Sabemos que la ley es espiritual. Pero yo soy un simple ser carnal, que ha sido vendido como esclavo al pecado. No entiendo qué me pasa, pues no hago lo que quiero, sino lo que aborrezco. Y si hago lo que no quiero hacer, compruebo entonces que la ley es buena. De modo que no soy yo quien hace aquello, sino el pecado que habita en mí" (Ro 7:14-17); "Pero encuentro que hay otra ley en mis miembros, la cual se rebela contra la ley de mi mente y me tiene cautivo a la ley del pecado que está en mis miembros" (Ro 7:23); "Si decimos que no tenemos pecado, nos engañamos a nosotros mismos, y la verdad no está en nosotros" (1 Jn 1:8).

El pecado original es verdaderamente pecado porque desvía de la santa voluntad de Dios. Esto constituye la esencia misma de pecado. El pecado no solamente es el hacer algo distinto de lo que Dios quiere que hagamos, sino que también es el ser distinto de lo que Dios quiere que seamos. Y el pecado original, siendo la fuente de todo pecado actual, es el pecado de preeminencia. En 1 Jn 3:4 leemos: "El pecado es quebrantamiento de la ley", o sea, el pecado es estar fuera de la ley. Nuestro Señor Jesucristo declara explícitamente: "Porque de adentro del corazón humano salen los malos pensamientos, la inmoralidad sexual, los robos, los homicidios, los adulterios, las avaricias, las maldades, el engaño, la lujuria, la envidia, la calumnia, la soberbia y la insensatez. Todos estos males vienen de adentro y contaminan a la persona" (Mc 7:21-23). El pecado original lleva consigo toda la pena del pecado; como dice el artículo: "que ahora mismo condena y trae muerte eterna". Las palabras "ahora mismo" son importantísimas; pues enseñan que el pecado original trajo la muerte no solamente a Adán sino también a todos sus descendientes. Esto concuerda plenamente con el testimonio de las Escrituras, que dicen: "Porque así como en Adán todos mueren…" (1 Co 15:22); "Porque la paga del pecado es muerte"

(Ro 6:23). Estas penas, la condenación y la muerte eterna, comprenden a "los que no nacieron otra vez por el Bautismo y el Espíritu Santo". Esto también concuerda estrictamente con las mismas palabras del Señor: "El que no nace de nuevo, no puede ver el reino de Dios" (Jn 3:3); "El que no nace de agua y del Espíritu, no puede entrar en el reino de Dios" (Jn 3:5). Y, para que este asunto esté fuera de toda duda, el Señor concluye: "No te maravilles de que te dije que es necesario que ustedes nazcan de nuevo" (Jn 3:7). El único remedio contra el pecado original y el único rescate de sus penas eternas es la regeneración; por medio de ella es engendrada la vida espiritual y dada la fe, y esto sucede ordinariamente por medio del Bautismo cristiano.

Las condenaciones

Era necesario incluir las condenaciones mencionadas en este artículo a causa de la actitud de los equivocados y a fin de guardar pura la doctrina enseñada por la Palabra de Dios. Primeramente se condenan a los pelagianos que niegan que los niños nazcan con pecado, y por ende, negaron la necesidad del renacimiento. En unión con ellos, se condenan a todos los demás que mantienen esas opiniones. Esto incluye el error semipelagiano de los católico-romanos que considera el pecado original como algo negativo en lugar de una depravación verdadera, y que mantiene que la concupiscencia en los bautizados ya no es pecado. También a Zwinglio se ha de incluir aquí; porque él negó que el pecado original sea propiamente pecado. Se condenan a todos los que mantienen que el hombre puede ser justificado delante de Dios por sus propias fuerzas racionales, porque este error tiene en poco la gloria del mérito de Cristo y sus beneficios. A esto ciertamente podemos agregar un sincero amén.

Artículo 3

DEL HIJO DE DIOS

Nuestras iglesias enseñan, además, que el Verbo, esto es, el Hijo de Dios, tomó la naturaleza humana en el seno de la bienaventurada Virgen María, así que las dos naturalezas, la divina y la humana, inseparablemente unidas en la unidad de la persona, son un Cristo, verdadero Dios y verdadero hombre, nacido de la Virgen María; quien verdaderamente padeció, fue crucificado, muerto y sepultado, para reconciliarnos con el Padre y ser sacrificio no solamente por la culpa original, sino también por los pecados actuales de los hombres.

El mismo descendió al infierno y al tercer día resucitó en verdad; después subió al cielo para sentarse a la diestra del Padre y reinar perpetuamente y dominar a todas las criaturas, y para santificar a los que creen en El, mandando a sus corazones el Espíritu Santo para que los guíe, los consuele, los vivifique y los defienda contra el diablo y el poder del pecado.

El mismo Cristo volverá visiblemente para juzgar a los vivos y a los muertos, según el Credo Apostólico.

Exposición del Dr. Little

El artículo anterior expuso la perdición que el hombre trajo sobre sí mismo y la miseria y desamparo total subsiguientes que fueron su porción a causa de la caída en el pecado. Perdido en el pecado y rebelado contra Dios, el hombre no podía, por medio de ningún artificio de su propia invención, encontrar un escape de los castigos por sus pecados. La salvación del hombre, desde el principio hasta el fin, es obra de Dios. Esto, en resumen, es el contenido de estos artículos, que nos demuestra la enseñanza clara de las Escrituras en cuanto al misterio de la redención del género humano, lograda al ponerse el propio querido Hijo de Dios en el lugar del hombre. Este misterio se expone aquí, tanto en su ejecución como en su aplicación. Tan fundamental es este artículo para el cristianismo que encuentra una aceptación universal entre todos los cristianos. Los confutadores católico-romanos no podían encontrar nada en contra de él y aceptaron el artículo *in totum*.

La ejecución de la redención

El artículo describe claramente la encarnación y la persona del Señor. La primera declaración del artículo dice, "que el Verbo, esto es, el Hijo de Dios, tomó la naturaleza humana en el seno de la bienaventurada Virgen María." Al llamar a Cristo el Verbo que es el Hijo de Dios, se hace confesión clara de la preexistencia y de la deidad esencial de Jesucristo, como enseña el prólogo del evangelio según San Juan (1:1-4), en armonía completa con las enseñanzas de la Iglesia primitiva cristiana, expresadas en las siguientes oraciones inconfundibles del Credo Atanasiano: "Ésta es, pues, la fe verdadera, que creemos y confesamos que nuestro Señor Jesucristo, el Hijo de Dios, es Dios y hombre; Dios de la substancia del Padre, engendrado antes de los siglos; y hombre de la substancia de su madre, nacido en el tiempo; Perfecto Dios y perfecto hombre, subsistiendo del alma racional y de carne humana; igual al Padre según la divinidad, menos que el Padre según la humanidad; quién, aunque es Dios y es hombre, sin embargo no son dos, sino un solo Cristo; Uno, empero, no por la conversión de la divinidad en carne, sino por la asunción de la humanidad en Dios; absolutamente uno, no por la confusión de la substancia, sino por la unidad de la persona. Porque como el alma racional y la carne es un hombre, así Dios y el hombre es un Cristo".

Estas palabras del artículo mantienen, por lo tanto, que Jesús nació de una virgen, cuestión que, hoy día, los racionalistas quieren desechar en unión con los críticos negativos y los discípulos del modernismo. La encarnación del Hijo de Dios por medio del nacimiento de una virgen es ciertamente un misterio grande, y es un misterio que no se puede negar sin socavar el mismo fundamento del cristianismo. A pesar de ser misterio, no es necesario inquietarse por esto. Todos los ataques del enemigo son vencidos por el testimonio abundante de las Escrituras que declaran, en términos inequívocos, que Jesús nació de una virgen. Los mismos poderes del infierno no pueden tumbar testimonios como estos: "'María tendrá un hijo, a quien pondrás por nombre JESÚS, porque él salvará a su pueblo de sus pecados.' Todo esto sucedió para que se cumpliera lo que el Señor dijo por medio del profeta" (Mt 1:21-22); "'Y reinará sobre la casa de Jacob para siempre, y su reino no tendrá fin.' Pero María le dijo al ángel: '¿Y esto cómo va a suceder? ¡Nunca he estado con un hombre!' El ángel le respondió: 'El Espíritu Santo vendrá sobre ti, y el poder del Altísimo te cubrirá con su sombra. Por eso el Santo Ser que nacerá será llamado Hijo de Dios'" (Lc 1:33-35). También San Pablo sabía del nacimiento virginal y lo estima de suma importancia, como se puede deducir de las siguientes palabras: "Pero cuando se cumplió el tiempo señalado, Dios envió a su Hijo, que nació de una mujer y sujeto a la ley, para que redimiera a los que estaban sujetos a la ley, a fin de que recibiéramos la adopción de hijos" (Gl 4:4-5).

Al mismo tiempo, el artículo da testimonio en cuanto a las dos naturalezas de Cristo, diciendo que "el Hijo de Dios tomó la naturaleza humana en el seno de la bienaventurada Virgen María, así que hay dos naturalezas, la divina y la humana, inseparablemente unidas en la unidad de la persona". Aquí se encuentra una distinción clara entre las dos naturalezas de Cristo, entre la naturaleza divina, que era suya por ser Hijo de Dios desde la eternidad, y la naturaleza humana que recibió en el cumplimiento del tiempo. Digno de notar es que el artículo no dice que el Verbo asumió para sí una persona humana; pues esto le haría tener dos personas, una divina y otra humana, y contradiría lo que San Pablo declara expresamente en 1 Ti 2:5. Mas el artículo dice que "asumió la naturaleza humana", o sea, asumió para sí la naturaleza común a todos, para que redimiese a todos los partícipes de esta naturaleza. Del siguiente texto se puede ver cómo esto conforma con las Sagradas Escrituras: "Así como los hijos eran de carne y hueso, también él era de carne y hueso, para que por medio de la muerte destruyera al que tenía el dominio sobre la muerte, es decir, al diablo, y de esa manera librara a todos los que, por temor a la muerte, toda su vida habían estado sometidos a esclavitud. Ciertamente él no vino para ayudar a los ángeles, sino a los descendientes de Abrahán" (Heb 2:14-16).

El artículo dice que las dos naturalezas están inseparablemente unidas en la unidad de la persona, son un Cristo, verdadero Dios y verdadero hombre. Aquí hay un choque directo con la herejía de Nestorio y de todos los demás que quieren dividir a Cristo en dos personas: el Verbo, que era Dios, y el hombre, nacido de la Virgen María. Lo mismo acontece con respecto a la teología de Zwinglio, quien mantenía que las Escrituras figuradamente afirmaban cosas de una naturaleza que, correctamente hablando, deben ser afirmadas con respecto a la otra. Contrario a estas y semejantes tendencias, el artículo enseña una comunión de naturalezas en una persona, en un Cristo, verdadero Dios y verdadero hombre: una unión inseparable por todos los siglos.

En seguida, el artículo habla de los estados en que Cristo se halló, tratando primeramente el estado de humillación. Aquí están enumeradas cinco etapas de la humillación, así como están expuestas en el Credo Apostólico. Este Cristo, apenas descrito como verdadero Dios y verdadero hombre, "nació de la Virgen María, verdaderamente sufrió, fue crucificado, muerto y sepultado". El nacimiento, humilde de Cristo y su profunda humillación, el sufrimiento intenso, la culminación de sus sufrimientos en la muerte voluntaria y sustituta y su sepultura que atestigua la verdad de su muerte, todo está aquí enumerado. El propósito de todo esto era, según confiesa el artículo, "para reconciliarnos con el Padre y ser sacrificio no solamente por la culpa original, sino también por los pecados actuales de los hombres". Se debe notar que Cristo sufrió esta humillación para reconciliar a Dios con nosotros. Aquí se refiere a la obediencia pasiva de Cristo, la obediencia en sus sufrimientos, por los cuales realizó la expiación e hizo satisfacción por nuestros pecados ante la justicia afrentada de Dios. La declaración protesta contra la doctrina romana del sacramento de la penitencia, que niega a Cristo toda la gloria de una expiación completa, porque pone límites al sacrificio de Cristo. La obediencia activa de Cristo no recibe mención particular en el artículo porque se la incluye en la expresión "para reconciliarnos con el Padre".

Luego, se trata el estado de la exaltación: Tenemos mencionados aquí los cinco grados bien conocidos de la misma, a saber: descendió al infierno, resucitó de entre los muertos, subió a los cielos, y está sentado a la diestra de Dios Padre, y vendrá otra vez en su gloria. El mismo Cristo, quien con su sufrimiento y muerte cumplió la expiación, descendió al infierno en su personalidad completa. No descendió para sufrir, pues el descenso fue el primer paso de su glorificación. Esto concuerda exactamente con lo que dicen las Escrituras: "Porque también Cristo padeció una sola vez por los pecados, el justo por los injustos, para llevarnos a Dios. En el cuerpo, sufrió la muerte; pero en el espíritu fue vivificado; en el espíritu también, fue y predicó a los espíritus encarcelados, a los que en otro tiempo desobedecieron, en los días de Noé, cuando Dios esperaba con paciencia mientras se preparaba el arca, en la que unas cuantas personas, ocho en total, fueron salvadas por medio del agua" (1 P 3:18-20). "Ha anulado el acta de los decretos que había contra nosotros y que nos era adversa; la quitó de en medio y la clavó en la cruz. Desarmó además a los poderes y las potestades, y los exhibió públicamente al triunfar sobre ellos en la cruz" (Col 2:14-15).

Este mismo Cristo "al tercer día resucitó en verdad". En las Escrituras tenemos pruebas abundantes de la resurrección de Cristo. "Por eso el Padre me ama, porque yo pongo mi vida para volver a tomarla. Nadie me la quita, sino que yo la doy por mi propia cuenta. Tengo poder para ponerla, y tengo poder para volver a tomarla. Este mandamiento lo recibí de mi Padre" (Jn 10:17-18). Participa en la resurrección el cuerpo de Jesús, como demuestran las palabras: "¡Miren mis manos y mis pies! ¡Soy yo! Tóquenme y véanme: un espíritu no tiene carne ni huesos, como pueden ver que los tengo yo" (Lc 24:39); "Luego le dijo a Tomás: 'Pon aquí tu dedo, y mira mis manos; y acerca tu mano, y métela en mi costado; y no seas incrédulo, sino creyente'" (Jn 20:27); "Y como ellos, por el gozo y la sorpresa que tenían, no le creían, Jesús les dijo: '¿Tienen aquí algo de comer?' Entonces ellos le dieron parte de un pescado asado, y él lo tomó y se lo comió delante de ellos" (Lc 24:41-43).

El artículo sigue diciendo: "después subió al cielo". Aquí queda afirmada la doctrina de la ascensión, también en armonía completa con las Escrituras. "Mientras miraban al cielo y veían cómo él se alejaba, dos varones vestidos de blanco se pusieron junto a ellos y les dijeron: 'Varones galileos, ¿por qué están mirando al cielo? Este mismo Jesús, que ustedes han visto irse al cielo, vendrá de la misma manera que lo vieron desaparecer'" (Hch 1:10-11).

Que Jesús está a la diestra del Padre se expresa, en el artículo, con estas palabras: "subió al cielo para sentarse a la diestra del Padre". Se pueden consultar los dos siguientes textos de la Biblia: "Todo esto es símbolo del bautismo (el cual no consiste en lavar las impurezas del cuerpo sino en el compromiso ante Dios de tener una buena conciencia) que ahora nos salva por la resurrección de Jesucristo, quien subió al cielo y está a la derecha de Dios, y a quien están sujetos los ángeles, las autoridades y las potestades" (1 P 3:21-22); "Y cuál la supereminente grandeza de su poder para con nosotros, los que creemos, según la acción de su fuerza poderosa, la cual operó en Cristo, y lo resucitó de entre los muertos y lo sentó a su derecha en los lugares celestiales, muy por encima de todo principado, autoridad, poder y señorío, y por encima de todo nombre que se nombra, no sólo en este tiempo, sino también en el venidero. Dios sometió todas las cosas bajo sus pies, y lo dio a la iglesia, como cabeza de todo, pues la iglesia es su cuerpo, la plenitud de Aquel que todo lo llena a plenitud" (Ef 1:19-23). Aunque no sea necesario, queremos agregar que la "diestra del Padre" no habla de una localidad o sitio determinado, sino del poder Todopoderoso de Dios que llena cielo y la tierra, o sea, el dominio eficaz por lo cual Dios conserva y gobierna a todas las cosas en el universo que ha creado.

En la última parte del artículo se habla de la segunda venida de Cristo. "El mismo Cristo volverá visiblemente para juzgar a los vivos y a los muertos". Los Evangelios atestiguan plenamente esta doctrina, y Jesús mismo consoló a sus discípulos, diciéndolos lo mismo, como se lee en los capítulos 14, 15 y 16 de San Juan. Este acontecimiento concluirá la dispensación actual y luego se iniciará el eterno reino de la gloria. A esta venida, el Señor mismo llama nuestra atención con las últimas palabras del apocalipsis: "El que da testimonio de estas cosas dice: 'Ciertamente, vengo pronto.' Amén. ¡Ven, Señor Jesús!" (Ap 22:20).

La aplicación de la redención

En unión con la ascensión de Cristo y su estar sentado a la diestra del Padre, mencionados en el artículo, tenemos una referencia al Espíritu Santo y su obra de aplicarnos y conseguirnos en apropiación la redención obtenida por Cristo. Así dicen las palabras, "para santificar a los que creen en él, mandando el Espíritu Santo a sus corazones para que los guíe, los consuele, los vivifique y los defienda contra el diablo y el poder del pecado". Esta obra del Espíritu Santo, la de santificarnos, es tan necesaria para nuestra salvación como era la obra de Cristo para redimirnos. Es el Espíritu Santo quien "me ha llamado por el Evangelio, iluminado con sus dones, santificado y conservado en la verdadera fe", como también confesamos con las palabras de la explicación del Credo Apostólico en el catecismo de Lutero. El Espíritu Santo es "el Señor y dador de la vida".

Hablando de él, el Salvador dice a sus discípulos: "Pero cuando venga el Espíritu de verdad, él los guiará a toda la verdad; porque no hablará por su propia cuenta, sino que hablará todo lo que oiga, y les hará saber las cosas que habrán de venir. Él me glorificará, porque tomará de lo mío y se lo hará saber" (Jn 16:13-14); Muchos textos de las Escrituras hablan también de la necesidad de la obra del Espíritu Santo. He aquí los siguientes textos: "Por tanto, quiero que sepan que nadie que hable por el Espíritu de Dios puede maldecir a Jesús; y que nadie puede llamar 'Señor' a Jesús, si no es por el Espíritu Santo" (1 Co 12:3). "Pero ustedes no viven según las intenciones de la carne, sino según el Espíritu, si es que el Espíritu de Dios habita en ustedes. Y si alguno no tiene el Espíritu de Cristo, no es de él" (Ro 8:9). Así se pone la obra santificadora del Espíritu Santo en una relación íntima con la obra redentora del Hijo de Dios.

Artículo 4

DE LA JUSTIFICACIÓN

Nuestras iglesias enseñan que los hombres no pueden ser justificados delante de Dios por su propio poder, mérito u obras, sino que son justificados gratuitamente por causa de Cristo mediante la fe, cuando creen que son recibidos en la gracia[11] y que sus pecados son perdonados por causa de Cristo, quien por su muerte hizo satisfacción por nuestros pecados. Esta fe Dios la cuenta por justicia delante de sí mismo (Ro 3 y 4).

Exposición del Dr. Little

Este artículo es el más importante de toda la confesión. Aunque brevísimo, presenta de entrada la doctrina de la justificación como doctrina fundamental; la doctrina, según dijo Lutero, "del establecimiento o caída de la Iglesia."

En primer lugar, el artículo declara que los pecadores son justificados. Es sólo Dios, el Santo y Justo Dios, que verdaderamente justifica

---

11 La palabra gracia, empleada tantas veces aquí, no es en ningún caso la *gratia infusa* enseñada por la Iglesia Católica Romana, o sea una simple ayuda de Dios para que podamos vivir una vida justa. Según el Evangelio, la *gracia redentora* es un acto o una sentencia judicial de Dios por la cual Él no toma en cuenta nuestros pecados, sino que por el mérito de Cristo nos declara justos y de este modo nos justifica efectivamente. Gracia es el favor de Dios para con nosotros pecadores por causa de Cristo. Somos *recibidos en la gracia* cuando Dios nos dice por su Palabra: "Confía, Hijo; tus pecados te son perdonados" (Mt 9:2).

al pecador. Jamás se podría descubrir este hecho por medio de cualquier actividad de la razón humana, pero en la Santa Palabra de Dios está revelado abundante y claramente. Es una revelación maravillosa y llena de consuelo para los que se confiesan pecadores, esto es, reconocer que están bajo la ira y condenación de Dios. Esta doctrina se basa en la reconciliación de Dios con el mundo, realizada por la obra redentora de Jesucristo. Esto se llama la justificación objetiva del mundo, hecho atestiguado por muchos textos de las Escrituras. Nos podemos referir a unos cuántos de éstos: "Y él es la propiciación por nuestros pecados; y no solamente por los nuestros, sino también por los de todo el mundo" (1 Jn 2:2); "Dios estaba reconciliando al mundo consigo mismo, sin tomarles en cuenta sus pecados, y que a nosotros nos encargó el mensaje de la reconciliación" (2 Co 5:19); "Así que, como por la transgresión de uno solo vino la condenación a todos los hombres, de la misma manera por la justicia de uno solo vino la justificación de vida a todos los hombres. Porque así como por la desobediencia de un solo hombre muchos fueron constituidos pecadores, así también por la obediencia de uno solo muchos serán constituidos justos" (Ro 5:18-19). Cuando el pecador, por la fe, se apropia esta justificación objetiva, se realiza su justificación personal.

La palabra "justificar", empleada en este artículo, se usa en su sentido ordinario, a saber: "declarar o pronunciar justo". Este uso lo encontramos en Pr 17:15: "Justificar al malvado y condenar al justo es igual de repugnante para el Señor". Este es el sentido empleado a través de toda la Escritura. En este artículo se contesta la pregunta: ¿Cómo puede Dios justificar al impío? La respuesta se basa únicamente en la autoridad de las Escrituras y es presentada en sus dos aspectos, negativo y positivo. La doctrina de la Iglesia Católica Romana, contra la cual los confesores luteranos tenían que hacer la protesta, se equivoca en dos puntos fundamentales: 1) La doctrina romana hace de la justificación una cosa puramente subjetiva e interna. Al hombre se le hace justo por medio de la infusión de la gracia divina. Este error resulta a causa de la confusión entre la justificación y la santificación, confusión que no tiene apoyo en las Escrituras. 2) La doctrina católico-romana incluye las buenas obras como causa de la justificación. Enseña que las obras buenas contribuyen al mérito, el cual, en unión con el de Cristo, obtiene para el hombre la justificación delante de Dios. Esta doctrina fomentó el monasticismo y culminó en el sistema corrupto de las indulgencias.

De ninguna manera se pone en duda la necesidad de la justificación. Aun los romanos, con su opinión completamente anti bíblica del pecado, jamás negaron que el hombre precisa de la justificación. La necesidad de la justificación se niega solamente por algunas sectas como la Ciencia Cristiana, que rechaza las Escrituras para aceptar la supuesta sabiduría superior de la señora Eddy; por los Russelitas, conocidos también como "Testigos de Jehová", que consideran los libros del pastor Russel como fuente de toda sabiduría espiritual; y por otro grupo grande conocido como "modernistas", quienes, confiando en la avanzada sabiduría humana y en los conocimientos de las ciencias naturales, consideran la Biblia como libro anticuado que hoy en día no merece confianza. Pero las Escrituras están repletas de testimonios del pecado del hombre y de la necesidad absoluta de justificación delante de Dios. "Si decimos que no tenemos pecado, nos engañamos a nosotros mismos, y la verdad no está en nosotros. Si confesamos nuestros pecados, él es fiel y justo para perdonar nuestros pecados y limpiarnos de toda maldad. Si decimos que no hemos pecado, lo hacemos a él mentiroso, y su palabra no está en nosotros" (1 Jn 1:8-10); "¿Entonces, qué? ¿Somos nosotros mejores que ellos? ¡De ninguna manera! Porque ya hemos demostrado que todos, judíos y no judíos, están bajo el pecado. Como está escrito: '¡No hay ni uno solo que sea justo!'" (Ro 3:9-10); "Por cuanto todos pecaron, y están destruidos de la gloria de Dios" (Ro 3:23); ¿Contradice la ley a las promesas de Dios? ¡De ninguna manera! Porque, si la ley dada pudiera dar vida, la justicia sería verdaderamente por la ley. Pero la Escritura lo encerró todo bajo pecado, para que la promesa que es por la fe en Jesucristo fuera dada a los creyentes" (Gl 3:21-22).

Declaración negativa

Dice: "Nuestras iglesias enseñan que los hombres no pueden ser justificados delante de Dios por su propio poder, mérito u obras". No hay que entender estas palabras como negando que el hombre natural puede hacer cosas de justicia civil. Se concede abiertamente que puede hacer obras de justicia civil, pero no hay que confundir esa justicia con la justicia que Dios requiere al pecador. El hombre, de su propio poder, no puede ser justificado delante de Dios. En su estado de alejamiento de Dios, el hombre por sus propias fuerzas no puede romper el poder del pecado y entrar en una vida de justicia como en la que fue creado. Es verdad que el hombre, en estado natural, sabe algo de la ley de Dios; pero no tiene el poder de cumplirla. Tampoco puede el hombre ser justificado por sus propios méritos. Aunque fuese él completamente santo, no podría pretender mérito alguno. Esto se entiende por las palabras de Cristo dirigidas a sus discípulos: "Así también ustedes, cuando hayan hecho todo lo que se les ha ordenado, digan: 'Somos siervos inútiles, no hemos hecho más que cumplir con nuestro deber'" (Lc 17:10). Cualquier mérito humano queda fuera de la cuestión.

Asimismo, es verdad que el hombre no puede ser justificado por sus propias obras. Esto no quiere decir que el hombre, en su condición natural, no puede hacer "obras buenas". Se reconoce en seguida que el hombre puede hacer obras que son buenas en apariencia y que dan beneficio en cuanto se refiere a la vida externa. Lo que se niega aquí es que estas obras tienen poder de expiar pecado; y cuando se las hace, aparte de la fe en Cristo, se niega que sean buenas delante de Dios. Veremos que esto es lo que enseñan las Escrituras. "Porque Dios ha hecho lo que para la ley era imposible hacer, debido a que era débil por su naturaleza pecaminosa: por causa del pecado envió a su Hijo en una condición semejante a la del hombre pecador, y de esa manera condenó al pecado en la carne, para que la justicia de la ley se cumpliera en nosotros, que no seguimos los pasos de nuestra carne, sino los del Espíritu. Porque los que siguen los pasos de la carne fijan su atención en lo que es de la carne, pero los que son del Espíritu, la fijan en lo que es del Espíritu. Porque el ocuparse de la carne es muerte, pero el ocuparse del Espíritu es vida y paz. Las intenciones de la carne llevan a la enemistad contra Dios; porque no se sujetan a la ley de Dios, ni tampoco pueden; además, los que viven según la carne no pueden agradar a Dios" (Ro 8:3-8). Aun las obras buenas de los creyentes no tienen, por sí mismas, ningún poder de justicia. No participan de ninguna manera en nuestra justificación, pues toda la gloria y el honor de nuestra salvación se atribuyen completamente a nuestro Señor y Salvador, a quien sólo pertenecen. Este es el argumento por San Pablo presentado en Ro 3:20 ss.

La declaración positiva

Las palabras del artículo dicen: "Sino que son justificados gratuitamente por causa de Cristo mediante la fe". Aunque el hombre en verdad no puede justificarse a sí mismo por sus propias fuerzas, sin embargo, hay una justificación para él. San Pablo dice expresamente: "Dios es el que justifica" (Ro 8:33). Por consiguiente, la justificación es don gratuito de Dios para nosotros por los méritos de Cristo. Individualmente los hombres se la apropian "cuando creen que son recibidos en la gracia y que sus pecados son perdonados por causa de Cristo, quien por su muerte hizo satisfacción por nuestros pecados". Esta fe Dios la cuenta por justicia delante de sí mismo (Ro 3 y 4).

Estas palabras del artículo dicen que Dios mismo es la fuente de la justificación del hombre. Fue Dios quien, desde la eternidad, proyectó el plan de la salvación de los pecadores. Fue él quien, en el cumplimiento del tiempo, ejecutó el plan en la persona de su unigénito Hijo, Jesucristo, nuestro Señor. Esto lo atestiguan las Escrituras con testimonio clarísimo: "Porque de tal manera amó Dios al mundo, que ha dado a su Hijo unigénito, para que todo aquel que en él cree no se pierda, sino que tenga vida eterna. Porque Dios no envió a su Hijo al mundo para condenar al mundo, sino para que el mundo sea salvo por él" (Jn 3:16-17); "Ciertamente la gracia de Dios los ha salvado por medio de la fe. Ésta no nació de ustedes, sino que es un don de Dios; ni es resultado de las obras, para que nadie se vanaglorie" (Ef 2:8-9); "En esto se mostró el amor de Dios para con nosotros: en que Dios envió al mundo a su Hijo unigénito, para que vivamos por él. En esto consiste el amor: no en que nosotros hayamos amado a Dios, sino en que él nos amó a nosotros, y envió a su Hijo en propiciación por nuestros pecados" (1 Jn 4:9-10); "Empero al que obra, no se le cuenta el salario por merced, sino por deuda. Mas al que no obra, pero cree en aquél que justifica al impío, la fe le es contada por justicia" (Ro 4:4-5). De igual manera la aplicación de la redención obrada por Cristo por medio del Espíritu Santo es completamente la obra de Dios, como era la redención misma. Considera lo que dicen los siguientes textos: "El que crea y sea bautizado, se salvará; pero el que no crea, será condenado" (Mc 16:16); "Pero a todos los que la recibieron, a los que creen en su nombre, les dio la potestad de ser hechos hijos de Dios" (Jn 1:12); "Y esta esperanza no nos defrauda, porque Dios ha derramado su amor en nuestro corazón por el Espíritu Santo que nos ha dado" (Ro 5:5); "Y eso eran algunos de ustedes, pero ya han sido lavados, ya han sido santificados, ya han sido justificados en el nombre del Señor Jesús, y por el Espíritu de nuestro Dios" (1 Co 6:11).

El artículo identifica la causa de nuestra justificación, a saber: la obediencia del eterno Hijo de Dios, Jesucristo, hasta la muerte. Nada menos que este sacrificio infinito podría satisfacer lo que demanda la justa ley de Dios. La obediencia de Cristo consistía en el cumplimiento perfecto de esta ley en nuestro lugar y en el sufrir voluntariamente todas las penas, merecidas por los pecados de la humanidad contra la ley. Dice la Escritura: "Porque la paga del pecado es muerte, pero la dádiva de Dios es vida eterna en Cristo Jesús, Señor nuestro" (Ro 6:23); "Porque a su debido tiempo, cuando aún éramos débiles, Cristo murió por los pecadores. Es difícil que alguien muera por un justo, aunque tal vez haya quien se atreva a morir por una persona buena. Pero Dios muestra su amor por nosotros en que, cuando aún éramos pecadores, Cristo murió por nosotros" (Ro 5:6-8); "Al que no cometió ningún pecado, por nosotros Dios lo hizo pecado, para que en él nosotros fuéramos hechos justicia de Dios" (2 Co 5:21): "Cristo nos redimió de la maldición de la ley, y por nosotros se hizo maldición (porque está escrito: 'Maldito todo el que es colgado en un madero)'" (Gl 3:13); "Ustedes saben que fueron rescatados de una vida sin sentido, la cual heredaron de sus padres; y que ese rescate no se pagó con cosas corruptibles, como el oro y la plata, sino con la sangre preciosa de Cristo, sin mancha y sin contaminación, como la de un cordero" (1 P 1:18-19); "Él mismo llevó en su cuerpo nuestros pecados al madero, para que nosotros, muertos ya al pecado, vivamos para la justicia. Por sus heridas fueron ustedes sanados" (1 P 2:24); "Porque el cumplimiento de la ley es Cristo, para la justicia de todo aquel que cree" (Ro 10:4); "Y ser hallado en él, no por tener mi propia justicia, que viene por la ley, sino por tener la justicia que es de Dios y que viene por la fe, la fe en Cristo" (Fil 3:9).

Finalmente nuestro artículo enseña que somos justificados por la fe, esto es, nuestra justificación personal no se apropia de ninguna otra manera sino por la fe sola. La prueba concluyente de esta enseñanza se encuentra en los siguientes textos: "Así, pues, justificados por la fe tenemos paz con Dios por medio de nuestro Señor Jesucristo" (Ro 5:1); "Sabemos que el hombre no es justificado por las obras de la ley sino por la fe de Jesucristo, y también hemos creído en Jesucristo, para ser justificados por la fe de Cristo y no por las obras de la ley, ya que por las obras de la ley nadie será justificado" (Gl 2:16; cf Gl 3:11, 24, 26).

Con la expresión "por la fe" no queremos decir, como Roma enseña, un mero asentimiento a lo que la Iglesia enseña; tampoco significa una aceptación meramente intelectual de la verdad, por sólo un acto natural de la voluntad; sino que entendemos que la fe es don de Dios, por los méritos de Jesucristo, que consiste esencialmente en la confianza dada por Dios en su gracia por los méritos de Jesucristo, y que confía en las promesas reveladas en el Evangelio. No es esta una fe general que acepta las Escrituras como verdad y a Jesús como Salvador del mundo. Tampoco justifica la fe por ser una virtud de tanto valor ante Dios que recompensa por otras deficiencias. La fe justifica en tanto que abraza a Jesucristo, y en cuanto es el instrumento que nos apropia el perdón de los pecados y la justicia perfecta obtenida para nosotros por la vida santa de Cristo y por su sufrimiento y muerte inocentes. Esto es suficiente para nosotros; el pecador no precisa más. ¡Qué consuelo nos trae este pensamiento! Porque si faltara algo más que debería hacer el pecador para su justificación, jamás podrá tener la seguridad de su salvación. Este hecho explica por qué la religión de Roma es siempre una religión de duda. La duda es un resultado inevitable cuando los hombres confían en su propia justicia; Cuán diferente es cuando entendemos que, por ser creyentes, estamos vestidos de la justicia de Cristo, aceptos en el querido Hijo del Padre. La justicia perfecta de Cristo es la ropa de nuestra salvación y es un vestido en el cual el ojo de Dios, que ve todo, no encuentra mancha. ¡Qué confianza, qué alegría y qué agradecimiento deban ser las nuestras, sabiendo que nuestra justificación no es de nosotros, sino que es de Dios! "No somos nosotros, Señor, no somos nosotros dignos de nada. ¡Es tu nombre el que merece la gloria por tu misericordia y tu verdad!" (Sal 115:1).

Artículo 5

DEL MINISTERIO ECLESIÁSTICO

Para que obtengamos esta fe, fue instituido el ministerio de enseñar el Evangelio y administrar los Sacramentos. Pues por la Palabra y los Sacramentos, como por instrumentos, es dado el Espíritu Santo, quien obra la fe donde y cuando le place a Dios, en los que oyen el Evangelio, a saber, que Dios, no por nuestros propios méritos, sino por causa de Cristo, justifica a los que creen ser recibidos en la gracia por causa de Cristo.

Los nuestros condenan a los anabaptistas[12] y otros que piensan que el Espíritu Santo viene a los hombres sin la palabra externa, por su propia preparación y obras.

Exposición del Dr. Little

Este artículo pone énfasis en los medios de gracia, es decir: nos dice cómo se obtiene la fe que justifica. El pensamiento principal del artículo es este, que la fe que justifica se obtiene por medio de la Palabra y los Sacramentos. El artículo sencillamente podría haber dicho que esto se realiza por medio de la predicación de la Palabra, y que esto es verdad, se ve claramente de Ro 10:17; pero las circunstancias exigían que se mencionara el ministerio del Evangelio como la institución divina por la cual Dios crea la fe en los corazones de los hombres. Al seguir este curso, los confesores no tenían la intención de proponer que los medios de gracia dependen del ministerio para su validez, o que los pastores en sentido alguno forman una orden especial. Mantienen firmemente que el ministerio de la Palabra es divinamente asignado. Se puede resumir el contenido del artículo

12 Los anabaptistas (hoy día *bautistas*) pretenden que los niños no se deben bautizar hasta que lleguen a la edad de razón. Quien se bautizó en la infancia debe ser bautizado por segunda vez cuando adulto y convertido, según ellos.

en los siguientes puntos: 1) la institución divina; 2) los medios de gracia; 3) la recepción del Espíritu Santo; y 4) las condenaciones.

La institución divina

Dios instituyó el oficio de administrar los medios de gracia para que el hombre tenga la fe que justifica. El tercer artículo demostró que Dios ha hecho todo lo necesario para la salvación eterna del hombre; que Cristo, por su muerte, ha hecho satisfacción completa para los pecados del hombre; y que ahora los pecadores son perdonados por los méritos de Cristo. El artículo IV afirma, según la enseñanza clara de la Palabra de Dios, que los hombres son justificados y salvados por la fe, y solamente por la fe. La cuestión que ahora se presenta es la siguiente: ¿Cómo obtenemos esta fe que es tan necesaria para nosotros? En otras palabras, ¿De dónde viene el poder para creer, es decir, para recibir por la fe al Salvador y su gloriosa salvación? El artículo nos da la respuesta a esta pregunta importante. Ciertamente este poder no reside en nosotros mismos. Tenemos que confesar, como hacemos en el catecismo: "Creo que por mi propia razón y poder no puedo creer en Jesucristo, mi Señor, ni venir a él." ¿Ha faltado Dios, quien hizo provisión completa para la redención del hombre, de proveer para que se aplique o se apropie al hombre esta salvación? Parece que esta era la idea de los romanistas quienes trataron de suplir este supuesto defecto del plan divino de salvación con los sacrificios y con todas las intercesiones de los sacerdotes y con los esfuerzos del propio pecador mediante el sacramento de la penitencia. Por otro lado, los reformados, o sea los calvinistas, colocan todo esto bajo el decreto absoluto de Dios, quien, de acuerdo con su punto de vista, arbitrariamente eligió a una porción de la raza humana para la salvación; redimió sólo a estos, y no los demás, y obra la fe irresistiblemente en sus corazones para cumplir su propósito para con ellos. El resultado, en estos dos casos, es que se priva al hombre de la seguridad verdadera de la salvación. Opuesto a estas posiciones falsas, el artículo mantiene: "Para que obtengamos esta fe, fue instituido el ministerio de enseñar el Evangelio y administrar los Sacramentos". Estas palabras defienden fuertemente la enseñanza de que la Palabra y los Sacramentos son medios de gracia por los cuales el Espíritu Santo obra la fe. Que estos medios son suficientes para producir la fe, se ve por los siguientes textos de las Escrituras: "No me avergüenzo del evangelio, porque es poder de Dios para la salvación de todo aquel que cree: en primer lugar, para los judíos, y también para los que no lo son" (Ro 1:16): "Pues nuestro evangelio no llegó a ustedes solamente en palabras, sino también en poder, en el Espíritu Santo y con plena convicción. Ustedes bien saben que, cuando estuvimos entre ustedes, siempre buscamos su propio bien" (1 Ts 1:5); "Por tanto, vayan y hagan discípulos en todas las naciones, y bautícenlos en el nombre del Padre, y del Hijo, y del Espíritu Santo. Enséñenles a cumplir todas las cosas que les he mandado. Y yo estaré con ustedes todos los días, hasta el fin del mundo" (Mt 28:19-20); "Entonces Jesús les dijo una vez más: 'La paz sea con ustedes. Así como el Padre me envió, también yo los envío a ustedes.' Y habiendo dicho esto, sopló y les dijo: 'Reciban el Espíritu Santo. A quienes ustedes perdonen los pecados, les serán perdonados; y a quienes no se los perdonen, no les serán perdonados'" (Jn 20:21-23); "Pero les digo la verdad: les conviene que yo me vaya; porque si no me voy, el Consolador no vendrá a ustedes; pero si me voy, yo se lo enviaré" (Jn 16:7); "Pero cuando venga el Espíritu de verdad, él los guiará a toda la verdad; porque no hablará por su propia cuenta, sino que hablará todo lo que oiga, y les hará saber las cosas que habrán de venir. Él me glorificará, porque tomará de lo mío y se lo hará saber. Todo lo que tiene el Padre es mío; por eso dije que tomará de lo mío, y se lo dará a conocer a ustedes" (Jn 16:13-15). Otro texto que nos enseña que el Señor instituyó el ministerio del Evangelio y la administración de los Sacramentos, es el siguiente: "Y él mismo constituyó a unos, apóstoles; a otros, profetas; a otros, evangelistas; a otros, pastores y maestros" (Ef 4:11).

El artículo hace mención aquí solamente del Evangelio. Lo hace a sabiendas, porque sólo mediante el Evangelio, y no por la ley, viene la fe. Según la enseñanza de este artículo el propósito de instituir divinamente el ministerio era éste, para que el hombre pueda creer y recibir la salvación que le fue tan ricamente provista en Cristo Jesús.

Los medios de gracia

Los medios de gracia son la Palabra y los Sacramentos; estos son los únicos medios por los cuales Dios comunica su gracia. Lo declara el artículo con estas palabras: "Pues por la Palabra y los Sacramentos, como por instrumentos, es dado el Espíritu Santo". A estos instrumentos, que deben llevar a cabo el propósito de Dios referente a la salvación del hombre, Dios ha agregado sus promesas, y a su Iglesia ha entregado sólo estos medios —nada más, nada menos— para ser administrados. Ni la Iglesia ni el ministerio es medio de gracia, sino solamente la Palabra y los Sacramentos. La Iglesia tiene el deber de administrar y usar fielmente estos medios de gracia que Dios así nombró. En las Escrituras encontramos muchos testimonios referentes a esto: "Así como la lluvia y la nieve caen de los cielos, y no vuelven allá, sino que riegan la tierra y la hacen germinar y producir, con lo que dan semilla para el que siembra y pan para el que come, así también mi palabra, cuando sale de mi boca, no vuelve a mí vacía, sino que hace todo lo que yo quiero, y tiene éxito en todo aquello para lo cual la envié" (Is 55:10-11); "El mensaje de la cruz es ciertamente una locura para los que se pierden, pero para los que se salvan, es decir, para nosotros, es poder de Dios" (1 Co 1:18); "Porque Dios no permitió que el mundo lo conociera mediante la sabiduría, sino que dispuso salvar a los creyentes por la locura de la predicación" (1 Co 1:21); "Lo que dice es: 'La palabra está cerca de ti, en tu boca y en tu corazón.' Ésta es la palabra de fe que predicamos" (Ro 10:8).

Testimonio igualmente fuerte encontramos con referencia a los Sacramentos. "Jesús le respondió: 'De cierto, de cierto te digo, que el que no nace de agua y del Espíritu, no puede entrar en el reino de Dios. Lo que nace de la carne, carne es; y lo que nace del Espíritu, espíritu es'" (Jn 3:5-6); "Nos salvó, y no por obras de justicia que nosotros hubiéramos hecho, sino por su misericordia, por el lavamiento de la regeneración y por la renovación en el Espíritu Santo, el cual derramó en nosotros abundantemente por Jesucristo, nuestro Salvador" (Tit 3:5-6); "Porque todos ustedes, los que han sido bautizados en Cristo, están revestidos de Cristo" (Gl 3:27); "Mientras comían, Jesús tomó el pan y lo bendijo; luego lo partió y se lo dio a sus discípulos, y les dijo: 'Tomen, coman; esto es mi cuerpo.' Después tomó la copa, y luego de dar gracias, la entregó a sus discípulos y les dijo: 'Beban de ella todos, porque esto es mi sangre del nuevo pacto, que es derramada por muchos, para perdón de los pecados'" (Mt 26:26-28). Comparar los textos paralelos en los otros Evangelios y de San Pablo en Corintios.[13]

No debemos tener dificultad en creer este testimonio, porque mientras que el hombre por ningún poder propio puede salvarse, Dios lo puede salvar por medio de los instrumentos escogidos por él para este fin y porque Dios puede hacer que estos medios sean eficaces.

La recepción del Espíritu Santo

El artículo dice claramente que, por los medios de gracia, el Espíritu Santo es dado y que éste usa los medios como instrumentos suyos para efectuar la fe. Luego agrega que esta fe se efectúa "en los que oyen el Evangelio". Esto excluye a todos los que no entran bajo la influencia de los medios de gracia; pero incluye a todos los que se entregan a esta influencia, sea que venga por medio de la lectura del Evangelio, o por la predicación, o por el uso de los Sacramentos, o por cualquier otro modo

13 Mc 14:12-25; Lc 22:7-23 y de San Pablo en 1 Co 11:23-26; (cf Jn 13:21-30).

que se utilice para llevarles la verdad del Evangelio. Además, dice que esta fe es obrada, no según la voluntad del hombre, sino "donde y cuando le place a Dios". Esto significa que queda en las manos de Dios el escoger el momento para obrar la fe en el hombre. Uno se convierte en cierto tiempo bajo ciertas circunstancias; otro se convierte en otro tiempo bajo otras circunstancias. Esto concuerda exactamente con lo que dicen las Escrituras: "Pero todo esto lo hace uno y el mismo Espíritu, que reparte a cada uno en particular, según su voluntad" (1 Co 12:11); "El viento sopla de donde quiere, y lo puedes oír; pero no sabes de dónde viene, ni a dónde va. Así es todo aquel que nace del Espíritu" (Jn 3:8). Si la obra de dar la fe es completamente obra de Dios, entonces se deduce que entre los que oyen el Evangelio, el Espíritu Santo "obra la fe cuando y donde le place a Dios". Pero esto no quita al hombre la responsabilidad por perder la salvación, porque la gracia de Dios, ofrecida gratuitamente a todos y eficaz para todos, puede ser rechazada; y si el hombre la rechaza, él mismo es culpable.

Las condenaciones

Aquí se condenan "los anabaptistas y otros que piensan que el Espíritu Santo viene a los hombres sin la palabra externa, por su propia preparación y obras". Se condenan a todos estos con razón porque substituyen el plan divino de la salvación por el plan propio humano. No importa si hacen esto siguiendo a Pelagio o conforme al sinergismo o del modo de los predestinatarios, porque todos estos contradicen la enseñanza de las Escrituras, y, por lo tanto, introducen el fanatismo que rechaza los medios divinamente designados para la salvación de los hombres.

Artículo 6

DE LA NUEVA OBEDIENCIA

Nuestras iglesias enseñan también que esta fe deber producir buenos frutos y que es necesario hacer buenas obras, mandadas por Dios, por causa de la voluntad de Dios; pero que no confiemos en estas obras para merecer la justificación delante de Dios. Pues la remisión de los pecados y 1a justificación se obtienen por la fe, como lo atestigua también la voz de Cristo: "Cuando hayan hecho todo lo que se les ha ordenado, digan: 'Somos siervos inútiles'" (Lc 17:10). Lo mismo enseñan también los antiguos escritores eclesiásticos. Pues Ambrosio[14] dice: Esto fue establecido por Dios, que el que cree en Cristo será salvo sin obras por la fe sola, recibiendo la remisión de los pecados gratuitamente".

Exposición del Dr. Little

Siendo que este artículo sin duda habla de las buenas obras, se ha sugerido que debía ser intitulado "De las Buenas Obras", pero este es el título que lleva otro artículo, a saber, Artículo XX, donde el asunto de las buenas obras está explicado más a fondo. El título "de la nueva obediencia" cuadra para este artículo; es muy sugestivo y está completamente de acuerdo con las Escrituras. Particularmente es este el caso aquí donde se consideran las buenas obras como el fruto de la fe. Esta obediencia se llama "nueva" porque es la obediencia que viene de un nuevo ímpetu, a saber, de la fe. Esta fe no es un mero entendimiento o consentimiento, sino que es la confianza en la gracia de Dios por los méritos de Cristo, nuestro Señor, por medio de la cual el hombre recibe el perdón de sus pecados, la vida y la salvación. Era precisamente este hecho lo que los romanistas no querían admitir, a saber: la salvación como don gratuito de la gracia de Dios, y por eso era necesario publicar este artículo. Los confutadores romanos ensalzaron mucho la declaración de que es necesario hacer buenas obras, pero rechazaron con igual énfasis la declaración siguiente del artículo, a saber: "Pues la remisión de los pecados y la justificación se obtienen por la fe ". Se puede dividir el artículo en dos partes: 1) la necesidad de las buenas obras; 2) el motivo para hacer las buenas obras.

La necesidad de las buenas obras

El artículo primeramente expresa: "Esta fe debe producir buenos frutos y que es necesario hacer buenas obras, mandadas por Dios". Con las palabras "esta fe" se hace referencia a la fe que justifica, ya presentada en el artículo IV. Es la fe por la cual el hombre es justificado gratuitamente por los méritos de Cristo, cuando cree la verdad que él es recibido en el favor de Dios y que sus pecados son perdonados por los méritos de Cristo. En el artículo V se refiere otra vez a esta fe que es obrada por el Espíritu Santo por medio de la Palabra y los Sacramentos. Luego, presentan la relación correcta entre la fe y las buenas obras, porque los romanistas sustentaron que los luteranos habían rechazado las buenas obras, o, por lo menos, las menospreciaban mucho. Esta relación se pone de manifiesto con las primeras palabras del artículo, que dicen: "Esta fe debe producir buenos

14 Ambrosio, Padre de la iglesia latina, fue arzobispo de Milán; nació en Tréveris (340-397).

frutos". Aquí, la fe tiene el primer término y recibe su debido énfasis. La fe es cosa indispensable para hacer buenas obras. Las buenas obras, por lo tanto, siendo productos de la fe, se llaman "frutos" y no "obras".

Solamente las obras que son frutos de la fe pueden llamarse buenas. A pesar de la estimación grande que tengan las obras delante del mundo o delante de las autoridades eclesiásticas, si no son frutos de la fe, no tienen ningún valor delante de Dios. Y para enseñarles que los luteranos no desprecian las buenas obras, se agrega: "es necesario hacer buenas obras, mandadas por Dios". Esta es la obligación natural que atañe a todos los hombres como creaturas de Dios y es una obligación que no se puede eludir. Los creyentes no solamente reconocen su obligación hacia Dios en este asunto, sino que tienen, en su fe, un incentivo grande para hacer las buenas obras. Compárese Ef 2:10: "Nosotros somos hechura suya; hemos sido creados en Cristo Jesús para realizar buenas obras, las cuales Dios preparó de antemano para que vivamos de acuerdo con ellas."

Pero había otro punto de controversia con los romanistas: ¿Cuáles son las buenas obras que el hombre debe hacer? Entre los romanistas la idea ascética prevaleció; el mayor énfasis repuso en las obras escogidas por los mismos hombres: tales como el celibato, la pobreza, la obediencia a las autoridades eclesiásticas debidamente nombradas. El artículo rechaza estas obras porque son buenas solamente de apariencia, y luego limita las buenas obras a las mandadas por Dios. La santa voluntad de Dios tiene que ser siempre la regla que gobierna a sus hijos. Es característico de estos hijos que ellos quieren lo que él quiere y que se arrepienten cuando falten en el cumplimiento de esta ley, falta que, según confiesan con pesar de corazón, sucede diariamente. Para ellos la única regla y medida cierta para probar si la obra es buena o no, es la Palabra de Dios, donde él expresa su voluntad. "¡A la enseñanza y al testimonio! Si sus palabras no corresponden a esto, es porque no les ha amanecido" (Is 8:20).

La doctrina de la justificación sólo por la fe, en lugar de ser incompatible con la obligación de hacer buenas obras, es doctrina indispensable para cumplirlas. San Pablo claramente demuestra esto con las palabras: "Entonces, ¿por la fe invalidamos la ley? ¡De ninguna manera! Más bien confirmamos la ley" (Ro 3:31). La misma gracia de Dios que dota a los hombres con la fe y les hace creyentes en Jesucristo y así también partícipes de su justicia, los hace, al mismo tiempo, siervos humildes del Señor, que tienen su deleite en el cumplimiento de su voluntad. La fe, en verdad, justifica y salva y, al mismo tiempo, santifica. "Dios no hizo ninguna diferencia entre ellos y nosotros, sino que por la fe purificó sus corazones" (Hch 15:9). En verdad, solamente el hombre justificado puede hacer las obras mandadas por Dios. Lutero expone esto con tanta habilidad que Moehler, el gran defensor de la fe católico-romana, forzosamente tiene que alabarle, diciendo: "Y ¿quién no sabe la descripción brillante de la fe en el prefacio (de su exposición) de la Epístola de San Pablo a los romanos? ¡Oh, es cosa viviente, activa, ingeniosa que tenemos en la fe! Es imposible, al que tiene fe, hacer de otra manera; mas hace lo bueno continuamente. No pregunta si hay que hacer buenas obras, sino que, antes de hacer la pregunta, ya está cumpliéndolas y siempre está ocupado en hacerlas. La fe es una confianza viva, despierta, puesta en la gracia de Dios de tal manera que, quien la tiene, experimenta una seguridad tan firme, que está dispuesto a morir mil veces por ella."

El motivo para hacer las buenas obras

El artículo presenta claramente el motivo para hacer buenas obras. Mantiene que se deben hacer las buenas obras porque esta es la voluntad de Dios. La gratitud hacia Dios por su gran misericordia y por la salvación nuestra debe ser para nosotros un motivo grande para hacer su voluntad. Los hombres tienen la obligación de hacer buenas obras, sea cual fuere su actitud hacia Dios y su gracia. Pero el creyente hace buenas obras, no por fuerza; tampoco porque se lo exijan, sino porque su corazón desborda de gratitud hacia Dios por las riquezas de su misericordia en Cristo Jesús, el Señor, y por todas las bendiciones que ha recibido de las manos bondadosas de Dios. Él exclama, como los apóstoles después de Pentecostés: "Porque nosotros no podemos dejar de hablar acerca de lo que hemos visto y oído" (Hch 4:20).

La acusación hecha por los romanistas de que la doctrina de la justificación, sólo por la fe, destruye el motivo para hacer buenas obras, es acusación errónea. En verdad, lo contrario es correcto, a saber: solamente los que, por la fe, hayan llegado a ser nuevas creaturas en Cristo Jesús pueden hacer y harán buenas obras. Véase la prueba de esto en los siguientes textos de la Biblia: "Digo, pues: Vivan según el Espíritu, y no satisfagan los deseos de la carne" (Gl 5:16); "Porque todo el que ha nacido de Dios vence al mundo. Y ésta es la victoria que ha vencido al mundo: nuestra fe. ¿Quién es el que vence al mundo, sino el que cree que Jesús es el Hijo de Dios?" (1 Jn 5:4-5); "De modo que si alguno está en Cristo, ya es una nueva creación; atrás ha quedado lo viejo: ¡ahora ya todo es nuevo!" (2 Co 5:17). Hay otros textos que pueden citarse; pero estos alcanzan. El creyente hace las buenas obras porque, siendo justificado por la fe, tiene paz para con Dios y tiene ganas de hacer su voluntad. A continuación, el artículo declara que "no confiemos en estas obras para merecer la justificación delante de Dios". No hay ni puede haber una justificación por media de la ley. La ley exige un cumplimiento perfecto, y éste, el hombre en su naturaleza corrupta y perversa, no puede alcanzarlo. Esto es lo que San Pablo declara expresamente en Gl 3:21-22: "¿Contradice la ley a las promesas de Dios? ¡De ninguna manera! Porque, si la ley dada pudiera dar vida, la justicia sería verdaderamente por la ley. Pero la Escritura lo encerró todo bajo pecado, para que la promesa que es por la fe en Jesucristo fuera dada a los creyentes." La ley obra la ira y no la obediencia. El propósito de la ley es el de preparar al pecador para el mensaje del Evangelio y llevarle a Cristo donde solamente puede salvarse del pecado y de la culpa del pecado. Otra vez dice San Pablo: "No desecho la gracia de Dios; pues si la justicia dependiera de la ley, entonces por demás habría muerto Cristo" (Gl 2:21); y "Pero gracias a Dios ustedes ahora son de Cristo Jesús, a quien Dios ha constituido como nuestra sabiduría, nuestra justificación, nuestra santificación y nuestra redención, para que se cumpla lo que está escrito: 'El que se gloría, que se gloríe en el Señor'" (1 Co 1:30-31).

De acuerdo con esto, el artículo dice: "Pues la remisión de los pecados y la justificación se obtienen por la fe". Luego para establecer esto, cita las palabras de Cristo: "Cuando hayan hecho todo lo que se les ha ordenado, digan: 'Somos siervos inútiles, no hemos hecho más que cumplir con nuestro deber'" (Lc 17:10). Y para demostrar que esta no es doctrina nueva, se cita el testimonio de uno de los antiguos escritores de la Iglesia. Se cree que le cita es de Ambrosio, tomada de un comentario sobre las epístolas paulinas, atribuido a la pluma de aquel. Aunque la investigación moderna pone la autenticidad en duda, la cita es, por lo menos, de un escritor antiguo y de un teólogo de la Iglesia Católica Romana, hecho que basta para probar el punto en cuestión.

Este artículo enseña que las obras no son buenas obras a no ser que sean el producto y el fruto de una fe viviente, y que jamás debemos permitir que las obras que hacemos en honor de Dios, obscurezcan el hecho de que nuestra salvación es don gratuito por la gracia de Dios en Cristo Jesús, nuestro Señor. Todo el crédito y toda la gloria de nuestra salvación han de ser atribuidos y dados en gratitud a Dios. Esta gratitud encuentra expresión, no solamente en las palabras, sino en toda nuestra conducta, comportamiento y vida.

Artículo 7

DE LA IGLESIA

Las iglesias enseñan también que ha de permanecer para siempre una santa Iglesia Cristiana. Esta Iglesia es la Congregación de los santos, en la cual el Evangelio es rectamente enseñado y los Sacramentos son administrados con rectitud.

Para la verdadera unidad de la Iglesia es suficiente la conformidad en la doctrina del Evangelio y en la administración de los Sacramentos. Y no es necesario que en todas partes sean iguales las tradiciones humanas, a saber, los ritos o las ceremonias instituidas por hombres. Como dice Pablo a los Efesios 4:5-6: "Un Señor, una fe, un bautismo, y un Dios y Padre de todos".

Exposición del Dr. Little

Juzgado por su importancia, este artículo debería seguir al artículo IV. Este artículo era una realización gloriosa lograda por los reformadores, y desempeñó un papel muy importante en el buen éxito de su trabajo. Era particularmente en la doctrina de la Iglesia y de la salvación donde se notó el contraste mayor entre los luteranos y los católico-romanos. Según los romanistas, la Iglesia era una organización externa y visible, compuesta de gobernadores y súbditos. Desde su punto de vista, el deber de los gobernadores era el de gobernar; el deber de los súbditos era el de obedecer. Por lo tanto, según esta idea, la Iglesia es esencialmente un cuerpo mixto, compuesto de lo bueno y de lo malo, e incluye a todos los llamados y bautizados. Esta idea de la Iglesia prevalece entre ellos hasta el día de hoy. El papa está a la cabeza de esta Iglesia, que es "tan palpable como cualquier reino de la tierra". Todos tienen que obedecer la autoridad del papa. Los que no la obedecen, pierden la salvación eterna. Naturalmente este artículo VII fue rechazado completamente por los confutadores católico-romanos. Dividimos el artículo en tres partes: 1) Las peculiaridades de la Iglesia; 2) La definición de la Iglesia; 3) Las señales de la Iglesia.

Las peculiaridades de la Iglesia

La primera oración del artículo reza: "Las iglesias enseñan también que ha de permanecer para siempre una santa Iglesia Cristiana." Esta oración dice tres cosas: primero, que la Iglesia es una, excluyendo así una multiplicidad de iglesias; segundo, que la Iglesia es santa, y tercero, que la Iglesia es de duración perpetua. Estas peculiaridades son de una naturaleza tal, que jamás podría una organización humana atribuírselas. Cierto es que la Iglesia Católica Romana se las atribuye a sí misma, pero tan claro es también que ella no puede comprobar que le asiste derecho para hacerlo. En la historia antigua de la Iglesia Cristiana había una división entre el oriente y el occidente; y la parte del oriente invoca para sí los mismos derechos. Es claro, que las dos partes distintas no pueden tener estas mismas peculiaridades. La verdad es que ni la una ni la otra tiene razón. Sin embargo, la permanencia perpetua de la Iglesia no termina, y no puede terminar, porque está fundada sobre la promesa del Señor mismo: "Y yo te digo que tú eres Pedro, y sobre esta roca edificaré mi iglesia, y las puertas del Hades no podrán vencerla" (Mt 16:18). Esta palabra del Señor incluye a la vez, la unidad y la duración perpetua de la Iglesia. También supone la santidad de la Iglesia porque está edificado por él mismo, él que es santo. Nuestro artículo, entonces, confiesa que la Iglesia es una, es santa, y que permanece para siempre.

La definición de la Iglesia

En cuanto a este punto, nada es más claro que esta oración breve: "Esta Iglesia es la Congregación de los santos." Esto puede significar solamente una cosa, a saber, que los creyentes, y solamente los creyentes, constituyen la Iglesia. Aunque esta definición de la Iglesia era directamente opuesta a la que prevaleció durante los años anteriores a la Reforma, esto no quiero decir que ahora tenernos una idea nueva, una doctrina y definición nuevas de la Iglesia. Por el contrario, la idea de la Iglesia expuesta aquí era la misma que se encuentra en los principios de su historia. En el libro de los Hechos de los apóstoles leemos: "Y cada día el Señor añadía a la iglesia a los que habían de ser salvos" (Hch 2:47). La Iglesia de fecha temprana dio su propia definición, incorporándola en el Credo Apostólico con las palabras: "La comunión de los santos". Ya por mucho tiempo se había olvidado esta definición, o se la interpretó mal, o se la aplicó erróneamente; pero allá estaba, y daba testimonio, por todas las edades de lo que es en verdad la Iglesia. Por lo tanto, Lutero, pisando sobre tierra firme, declaró en los Artículos de Esmalcalda (Artículo XII): "Ni queremos saber nada de lo que en nombre de la Iglesia ordenan y prohíben (los papistas). Alabado sea Dios que hasta los niños de siete años saben lo que es la Iglesia, esto es, la comunión de los santos creyentes y las ovejas que oyen la voz de su pastor, Cristo". Esta definición de la Iglesia no niega, sin embargo, la necesidad de la organización. La organización externa es necesaria para llevar a cabo la gran obra encomendada por el Señor a su Iglesia. Por consiguiente, encontramos que inmediatamente después del día de Pentecostés, los creyentes se congregaron para ejecutar la gran comisión de su Señor, para el culto público y para la edificación mutua. Leemos en Hechos 2:42: "Se mantenían fieles a las enseñanzas de los apóstoles y en el mutuo compañerismo, en el partimiento del pan y en las oraciones." Es cierto que se encuentran algunos en esta organización externa que no son verdaderamente creyentes y, por lo tanto, no son santos. Estos se asocian con la organización externa de la Iglesia y son partícipes, en unión con los creyentes, de los medios de gracia; pero en el sentido correcto de la palabra no pertenecen a la Iglesia. Solamente los verdaderos creyentes constituyen la Iglesia en cualquier lugar. La organización externa lleva el nombre de iglesia, no porque todos los que se asocian con ella son miembros de la Iglesia, sino porque los que son verdaderos creyentes se hallan allí. Nosotros no podemos averiguar quiénes lo son, pero "el Señor conoce a los suyos", y sabemos que la Iglesia está allí; porque Dios no carece de testigos, y su Palabra no vuelve en vano.

Las señales de la Iglesia

Las siguientes palabras hablan de las señales de la iglesia: "Esta Iglesia es la Congregación de los santos, en la cual el Evangelio es rectamente enseñado y los Sacramentos son administrados con rectitud." Era necesario establecer que estas son señales de la Iglesia para protestar contra la suposición papal de que la Iglesia Católica Romana es la Iglesia, a pesar de su apostasía del Evangelio. Se establece así, la regla que se emplea para juzgar las organizaciones externas. Quedan excluidos de la Iglesia los judíos, mahometanos, unitarios y todas las sectas y organizaciones que carecen de las partes esenciales del cristianismo y que destruyen su fundamento. No se excluye a la Iglesia católica Romana o a cualquiera iglesia reformada que todavía retiene la Palabra y los Sacramentos. Quiénes pertenecen a la Iglesia, o sea, a la comunión de los santos, sólo Dios lo sabe, y ningún luterano osaría identificar la Iglesia con la Iglesia Luterana. Reconocemos que la Iglesia existe en la iglesia romana, a pesar de sus usurpaciones, y en las iglesias reformadas, a pesar de sus desviaciones, en muchos puntos, de las verdades del Evangelio. Esta regla se usa, no para establecer la esencia de la Iglesia, sino que se usa por los creyentes que quieren mantener la verdad del Evangelio en la organización externa de la Iglesia. La regla no juzga el corazón de un individuo de otra organización, sino que juzga las doctrinas de otras organizaciones, comparándolas con las Escrituras. Esta prueba manifiesta la lealtad a Cristo, la Cabeza de la Iglesia, quien nos dio el Evangelio e instituyó los Sacramentos, y quien entregó estos tesoros a la Iglesia para guardarlos en su pureza. Un acuerdo con respecto a la doctrina pura del Evangelio y la administración de los Sacramentos es condición fundamental para cualquiera unión entre las iglesias. Los ritos y ceremonias establecidas por los hombres pueden ser diferentes, pero la unidad en la predicación del Evangelio puro y la administración de los Sacramentos, es cosa esencial. No se puede exigir más de esto, pero nuestra Iglesia, si quiere permanecer fiel a su obligación, tiene que exigir siempre esta unidad esencial. Donde no es posible lograr este acuerdo, allí no debemos entrar para establecer una unión. Como mayordomos de los misterios de Dios, se nos exige que seamos fieles. Por lo tanto, no se puede comprometer la verdad, más que sea nuestro testimonio siempre fuerte y claro.

Artículo 8

LO QUE ES LA IGLESIA

Aunque la Iglesia, propiamente dicha, es la Congregación de los santos y verdaderos creyentes, sin embargo, porque en esta vida muchos hipócritas y malos se mezclan con ellos, es licito usar de los Sacramentos cuando son administrados por los malos, según la palabra de Cristo: "Los escribas y los fariseos se apoyan en la cátedra de Moisés" (Mt 23:2). Tanto los Sacramentos como la Palabra son eficaces en virtud de la institución y el mandato de Cristo, aunque sean administrados por hombres malos.

Los nuestros condenan a los donacianos[15] y sus similares que negaban que fuera lícito usar del ministerio de los malos en la Iglesia, y pensaban que el ministerio de los malos es inútil e ineficaz.

Exposición del Dr. Little

Pudo haberse titulado este artículo más propiamente con la designación que le fue dada por los confutadores católico-romanos, quienes notaron bien el tema principal y denominaron el artículo "El ministerio de la Iglesia por los hombres impíos". La enseñanza del artículo se puede dividir en cuatro partes: 1) Repetición de la definición de la Iglesia; 2) Una

---

15 Los donacianos son la secta de Donato el Grande, obispo de Cartago, África, siglo 4. Ellos se consideraban como los únicos herederos de los apóstoles, y hacían depender el valor de los Sacramentos de la piedad del que los administra.

concesión con respecto a la Iglesia; 3) Una aserción concerniente a los medios de gracia; y 4) Las condenaciones.

La repetición

Tenemos una repetición de la definición de la Iglesia como ya fue dada en el artículo anterior: "Aunque la Iglesia, propiamente dicha, es la congregación de los santos y verdaderos creyentes..." Esta definición es fundamental y de ninguna manera puede ser alterada. Según esta definición, a la Iglesia pertenecen solamente los que han sido llevados a la fe en Cristo Jesús por la obra del Espíritu Santo por medio de la Palabra y los Sacramentos. Quiénes son estos, sólo Dios lo sabe; pero ellos están en la congregación de los que usan los medios de gracia y que confiesan a Jesucristo como Señor. Esto es verdad, porque solamente por estos medios siembra el Espíritu Santo la fe y convierte al impío en cristiano piadoso. La Iglesia, en el sentido correcto, es y siempre será objeto de la fe y, por lo tanto, es invisible. Cierto es que las personas que se asocian a la iglesia parroquial son visibles y también lo son las señales de la Iglesia; pero nadie sabe absolutamente quiénes, de entre los que participan en los medios de gracia, han recibido verdaderamente al Señor Jesús por la fe, y así han llegado a ser miembros de la Iglesia verdadera.

Sin embargo, la congregación externa puede, con razón, recibir el nombre iglesia, porque en ella Dios está llevando a cabo su obra de salvar a los hombres por los medios de gracia administrados allí. Esto no quiere decir que hay dos iglesias, la una, la congregación de los que se confiesan creyentes y la otra, la congregación de los santos; tampoco quiere decir esto que se substituye una iglesia por la otra. Más quiere decir que la Iglesia externa, a pesar de tener mezclada en su organización alguna cosa extraña, sin embargo, todavía es una congregación de verdaderos creyentes, o sea, "una comunión de los santos".

Una concesión

Esta concesión, se refiere a un aspecto externo de la Iglesia. Está expresada en estas palabras del artículo: "Sin embargo, porque en esta vida muchos hipócritas y malos se mezclan con ellos..." Esta concesión significa que muchos hipócritas e impíos se mezclan en la iglesia durante esta vida a pesar de las precauciones de la verdadera Iglesia, o sea la Congregación de los santos. Una preocupación principal de la Iglesia Luterana es la de mantener la doctrina sana. Exige que se predique el Evangelio en toda su verdad y pureza, para que se lleve a cabo su obra.

Dondequiera que se reciba el Evangelio por la fe, allí las buenas obras siguen como frutos. Pero a pesar de insistir en la predicación y práctica correcta, se hallan muchos hipócritas e impíos en la Iglesia visible, y aun puede suceder que hombres de esta clase tengan puestos oficiales en su organización.

Una aserción

Este punto trata de la eficacia de la Palabra y de los Sacramentos administrados por hombres impíos. El artículo testifica: "Es lícito usar de los Sacramentos cuando son administrados por los malos, según la palabra de Cristo: "Los escribas y los fariseos se apoyan en la cátedra de Moisés..." etc. (Mt 23:2). Luego agrega: "Tanto los Sacramentos como la Palabra son eficaces en virtud de la institución y el mandato de Cristo, aunque sean administrados por hombres malos". Esta es la enseñanza central del artículo y la única a que se refiere en las condenaciones que siguen. Era preciso tomar esta posición para mantener la doctrina correcta con respecto a los medios de gracia. Siendo que el hombre no hizo los medios de gracia, no los puede alterar. Solamente Dios que los instituyó puede alterarlos. Es cierto que solamente los que están en la fe deben ocuparse en la administración de los medios de gracia. A los impíos dice Dios: "¿Qué haces tú tomando mi Palabra en tu boca?" y Dios ciertamente juzgará al que lo hace. Sin embargo, estos administradores impíos no pueden invalidar los medios instituidos por Dios. San Pablo declara esto explícitamente, diciendo: "Si algunos de ellos no fueron fieles, ¿su falta de fe anulará la fidelidad de Dios?" (Ro 3:3). A los filipenses dice Pablo que se regocija que Cristo es predicado "sea por pretexto o por verdad" (Fil 1:18).

Otra consideración seria es la siguiente: Si la administración por parte de hombres impíos invalidara los medios de gracia, el que los recibe jamás quede estar seguro que ha recibido la gracia de Dios, porque nadie puede mirar en el corazón del ministro para averiguar si éste tiene la verdadera fe, y si es, o no es, personalmente un discípulo del Señor Jesús. Si dependiera del hombre, todo estaría en confusión y dudas pero es la actitud del Señor mismo la que decide. Es claro que él mantuvo en pie la autoridad de los escribas y fariseos a pesar de la enemistad de ellos contra él, mientras que estaban sentados ellos en la cátedra de Moisés y enseñaban la Palabra. Por consiguiente, nuestro artículo, con razón, mantiene que los Sacramentos y la Palabra son eficaces por virtud de la institución de Cristo, de donde reciben autoridad. No dependen los Sacramentos de ninguna manera de la santidad, o de la fe, ni aun de la intención de los que los administran. Estos medios de gracia, por los cuales el Espíritu Santo nos aplica la redención ganada por Cristo, tienen una eficacia objetiva que no puede ser afectada por el carácter del administrador.

Las condenaciones

"Los nuestros condenan a los donacianos y sus similares, que negaban que fuera lícito usar del ministerio de los malos en la Iglesia, y pensaban que el ministerio de los malos es inútil e ineficaz." Los donacianos, una secta del siglo cuarto[16], negaron la validez de los sacramentos administrados por sacerdotes mundanos y, por ende, hicieron que los sacramentos dependiesen de la piedad personal y consagración del pastor, en lugar de depender de la Palabra y promesa de Dios. Con las palabras "y sus similares", se incluyen a todos los demás que mantienen el mismo o semejante error, con intención específica de incluir a los anabaptistas del tiempo de la reforma. Se puede aplicar estas palabras también a los pietistas de los siglos siguientes, quienes, en su reacción contra el luteranismo ortodoxo, cayeron en semejante error.

Artículo 9

DEL BAUTISMO

Nuestras iglesias enseñan que el Bautismo es necesario para la salvación; que, por el Bautismo, se ofrece la gracia de Dios; y que los niños deben ser bautizados, los cuales, al ser ofrecidos a Dios mediante el Bautismo, son recibidos en la gracia de Dios. Los nuestros condenan a los anabaptistas, que desaprueban el bautismo de los niños y afirman que los niños se salvan sin el Bautismo.

Exposición del Dr. Little

Este artículo, aunque brevísimo, es muy importante. No había controversia con la Iglesia Católica Romana sobre este punto. Lo que se dice aquí fue aceptado por los confutadores *in totum*. Era necesario, sin embargo, una declaración sobre este tema a causa de las opiniones radicales de ciertas sectas, opiniones que los opositores atribuían a los luteranos. Se puede dividir el artículo en tres partes: 1) La necesidad del Bautismo; 2) El Bautismo de párvulos; y 3) La condenación de los anabaptistas.

---

16 Léase Nota Nº 15 en Artículo 8

La necesidad del Bautismo

La necesidad del Bautismo queda indicada con las primeras palabras del artículo: "Nuestras iglesias enseñan que el Bautismo es necesario para la salvación; que, por el Bautismo, se ofrece la gracia de Dios". Estas palabras indican que el Bautismo es necesario según estas consideraciones: Primera: la Palabra de Dios lo exige. El bautismo no es meramente un rito y una ordenanza humana, sino que es un sacramento instituido por el Señor Jesucristo mismo, quien mandó que se lo administrara a todas las naciones. Esto se ve claramente por las palabras de la gran comisión: "Por tanto, vayan y hagan discípulos en todas las naciones, y bautícenlos en el nombre del Padre, y del Hijo, y del Espíritu Santo. Enséñenles a cumplir todas las cosas que les he mandado. Y yo estaré con ustedes todos los días, hasta el fin del mundo" (Mt 28:19-20). Cristo instituyó este sacramento para nuestra salvación, y mandó su práctica hasta el fin del mundo. No se puede llamar a Jesús Señor y, a sabiendas, rehusar el obedecer su mandato. Las palabras de San Pablo tienen su aplicación aquí: "Pero ustedes no viven según las intenciones de la carne, sino según el Espíritu, si es que el Espíritu de Dios habita en ustedes. Y si alguno no tiene el Espíritu de Cristo, no es de él" (Ro 8:9).

El Bautismo es necesario también porque Cristo lo ha ligado con la promesa de la gracia de la salvación. Este sacramento no es rito ceremonial vacío, sino que es un verdadero medio de gracia. No en vano dijo Jesús: "El que crea y sea bautizado, se salvará; pero el que no crea, será condenado" (Mc 16:16). El Bautismo, por lo tanto, no es meramente un deber que debemos desempeñar sin saber el porqué, sino que es un medio precioso por el cual se da el Espíritu Santo, se engendra la vida espiritual, y se da la fe por la cual el individuo que recibe el sacramento obtiene la salvación. Se deben leer los siguientes textos de la Biblia: "Nos salvó, y no por obras de justicia que nosotros hubiéramos hecho, sino por su misericordia, por el lavamiento de la regeneración y por la renovación en el Espíritu Santo" (Tit 3:5); "Y ustedes saben que él apareció para quitar nuestros pecados, y en él no hay pecado" (1 Jn 3:5); "Porque todos ustedes, los que han sido bautizados en Cristo, están revestidos de Cristo" (Gl 3:27); "¿No saben ustedes que todos los que fuimos bautizados en Cristo Jesús, fuimos bautizados en su muerte? Porque por el bautismo fuimos sepultados con él en su muerte, para que así como Cristo resucitó de los muertos por la gloria del Padre, así también nosotros vivamos una vida nueva" (Ro 6:3-4).

Al decir que el Bautismo es un medio de gracia, no mantenemos que sea el único medio. La Palabra de Dios, esto es, El Evangelio, es el verdadero medio de gracia, y de ella el Bautismo recibe su eficacia. Pero en este Sacramento se aplica la Palabra individualmente y se da a cada uno que recibe el Sacramento la seguridad de la gracia y favor de Dios. Por lo tanto, el Bautismo es necesario para la salvación, porque, como medio de gracia divinamente ordenado, Dios nos lo ha dado y nos hace responsables de su uso. Sin embargo, Dios no tiene que limitarse a este medio y puede salvar por otros aparte de estos medios, si es que le place hacerlo así. Si él lo hace en verdad, no nos lo ha revelado. Pero de una cosa podemos estar seguros, es a saber, que el rechazo del Bautismo condena. Lutero dice en su Catecismo Mayor "Además, Dios ha ordenado seriamente que acudamos al Bautismo, so pena de malograr nuestra salvación. Bautizarse no es algo tan banal como ponerse un vestido nuevo. Antes bien ha de manifestarse con el mayor empeño el observar el bautismo de manera recta, honrosa y digna. La causa de la mayoría de las disputas y peleas es el hecho de que, por todos partes, surgen sectas vociferando: El Bautismo es un mero acto externo, y lo externo no es necesario. A esto replicaremos, que, sea todo lo externo que se quiera, tenemos la palabra y el precepto divinos que instituyen, razonan y confirman el Bautismo".

"Deberíamos apreciar el bautismo y aprovecharnos de él para fortalecernos y consolarnos cuando nuestro pecado o nuestra conciencia nos agobien. En tal caso digámonos: Estoy bautizado y, por estarlo, se me ha prometido que seré salvo y que mi cuerpo y alma tendrán vida eterna".[17]

El Bautismo es necesario para nuestra salvación, porque es un acto del Dios trino por lo cual se nos pone bajo el Pacto de Dios y por lo cual él nos ofrece su gracia para que nos la apropiemos.

El bautismo de párvulos

Nuestro artículo dice: "Y que los niños deben ser bautizados, los cuales, al ser ofrecidos a Dios mediante el Bautismo, son recibidos en la gracia de Dios". Toda la Iglesia cristiana estaba de acuerdo sobre este punto hasta el tiempo de la Reforma. El rechazar la doctrina del Bautismo como medio de gracia resulta lógicamente de hacer del Bautismo una ceremonia inútil y finalmente en abandonar por completo el Bautismo. Donde se mantiene la doctrina pura del Bautismo no se levanta la ocasión para discutir inútilmente sobre la cantidad de agua que se debe emplear, tampoco el modo de usarla. Que el modo del Bautismo no se limita a la inmersión, se puede ver claramente al comparar los textos de Hch 1:5

17 Cf Lutero, M., "Catecismo Mayor» Trad. M. Gutiérrez - Marín, ed. La Aurora, Bs. As., 1945, p. 136, 137 y 146 s.

con Hch 2:17. El primer texto reza: "Dentro de algunos días ustedes serán bautizados con el Espíritu Santo." El segundo texto, hablando del cumplimiento de esa profecía, reza: "Más bien, esto es lo que dijo el profeta Joel: 'Dios ha dicho: En los últimos días derramaré de mi Espíritu sobre toda la humanidad.'" Aquí bautizar significa derramar. En 1 Co 10:2 leemos: "Todos ellos, en unión con Moisés, fueron bautizados en la nube y en el mar." Aquí el modo del bautismo equivale al rociamiento. (Véase también Ex 14:29).

El bautismo de párvulos se basa en las palabras de la institución, donde el término exhaustivo "todas las naciones" se emplea. Que este término no tiene límites, se ve del uso de las mismas palabras en Mt 25:32 donde se habla del juicio final, a donde han de concurrir todos los seres humanos sin excepción. Los niños se incluyen también en la promesa, según se ve claramente en Mc 16:16: y el Bautismo es tan necesario para ellos como lo es para los demás, como se ve claramente de Jn 3:5-7 y Tit 3:5-6. La aplicación de la redención obtenida por Cristo se realiza por el Bautismo y el Bautismo es el único medio por el cual se puede aplicarla a los niños, que también se incluyen específicamente en la promesa (véase Hch 2:12, 39). La circuncisión, que según Col 2:11-12 era tipo del Bautismo, se aplicaba a los niños. No hay razón, por lo tanto, para creer que en el Nuevo Testamento los niños deben ser excluidos. Lo que el Bautismo ofrece, a saber: el perdón de los pecados, vida y salvación, no lo hemos de negarlo a los niños, como tampoco lo negamos a los demás por quienes murió Cristo. La suposición de que los niños no pueden creer, no solamente niega la omnipotencia de Dios, sino también los excluye de la salvación, porque Dios no salvará a ninguno aparte de la fe en Cristo Jesús (Mt 19:13-15; 18:6). No hay en las Escrituras ninguna razón para rehusar este sacramento y sus beneficios benditos a los niños. La dotación de fe es obra del Dios todopoderoso y es acto tan misterioso en el adulto como en el párvulo (Ef 1:19).

Las condenaciones

Se condenan expresamente los anabaptistas, secta que nació en el período de la reforma. Esta secta no aceptó el bautismo de párvulos, manteniendo que era inútil, no necesario y que los niños se salvan sin el Bautismo. El rechazar el bautismo de párvulos lleva consigo el rechazar el pecado original y contradice expresamente la palabra de Cristo "lo que es nacido de la carne, carne es". Si es imposible llevar a los párvulos a Cristo por medio del Bautismo, entonces no tenemos ninguna seguridad de que pueden ser llevados a Cristo, porque no tenemos otro medio alguno. Por lo tanto, con razón se condena a los anabaptistas que rehúsan el Bautismo a los niños y no tienen otro medio de gracia para aplicarles la redención obrada por Cristo. Lo que se dice aquí de los anabaptistas se puede decir también de los bautistas de hoy en día que rechazan el bautismo de párvulos.

Artículo 10

DE LA CENA DEL SEÑOR

Nuestras iglesias enseñan que el cuerpo y la sangre de Cristo están realmente presentes en la Cena del Señor y son distribuidos a los participantes; y reprueban a los que no en la enseñan así.

Exposición del Dr. Little

Este artículo presenta la doctrina más discutida de la Iglesia cristiana. La objeción no radica en esto, que esta doctrina sea más repugnante a la razón humana que otras doctrinas, por ejemplo, la doctrina de la Trinidad o de la Encarnación, sino que radica en el hecho de que es más fácil atacar esta doctrina con argumentos sostenidos por la razón. "El sentido común" es la regla de interpretación mantenida por los que rechazan la enseñanza clara de las Escrituras referente a este punto. Toda la iglesia reformada mantiene esa posición y no les importa cuántas variaciones de interpretación se encuentran entre ellos. El hecho de que este sacramento designado por el Señor para ser el centro de unión de sus discípulos sea el objeto de tanta controversia continuada y calurosa entre sus profesantes discípulos es en sí mismo un testimonio fuerte de la corrupción y perversidad de la naturaleza humana efectuada por la caída. El punto esencial no es meramente una cuestión de interpretación, sino es cuestión de autoridad, a saber: ¿Cuál es la autoridad máxima, la razón humana o la Escritura?

Este artículo fue apoyado por los confutadores católico-romanos, que solamente sugirieron que debía contener una aprobación directa de la enseñanza de la transubstanciación de la Iglesia Católica Romana.

Consideramos el artículo en los siguientes puntos: 1) Aserción de la presencia verdadera del cuerpo y sangre de Cristo en la Santa Cena; 2) Aserción de la comunicación verdadera del cuerpo y la sangre de Cristo a cada comulgante; 3) Una desaprobación de la doctrina contraria.

Presencia verdadera

El artículo empieza con una declaración clara y directa: "Nuestras iglesias enseñan que el cuerpo y la sangre de Cristo están realmente presentes en la Cena del Señor". Estas palabras declaran sin reserva y sin equivocación que la cosa comunicada en la Santa Cena es el verdadero cuerpo y sangre de Cristo. Hay abundante testimonio en las Escrituras para sostener esta declaración, como se ve por las palabras de la institución y por las palabras de San Pablo. "Mientras comían, Jesús tomó el pan y lo bendijo; luego lo partió y se lo dio a sus discípulos, y les dijo: 'Tomen, coman; esto es mi cuerpo.' Después tomó la copa, y luego de dar gracias, la entregó a sus discípulos y les dijo: 'Beban de ella todos, porque esto es mi sangre del nuevo pacto, que es derramada por muchos, para perdón de los pecados'" (Mt 26:26-28); "Mientras comían, Jesús tomó el pan y lo bendijo; luego lo partió y se lo dio, al tiempo que decía: 'Tomen, esto es mi cuerpo.' Después tomó la copa, y luego de dar gracias, se la dio, y todos bebieron de ella. Les dijo entonces: 'Esto es mi sangre del pacto, que por muchos es derramada'" (Mc 14:22-24).

"Luego tomó el pan, lo partió, dio gracias y les dio, al tiempo que decía: 'Esto es mi cuerpo, que por ustedes es entregado; hagan esto en memoria de mí.' De igual manera, después de haber cenado tomó la copa y les dijo: 'Esta copa es el nuevo pacto en mi sangre, que por ustedes va a ser derramada'" (Lc 22:19-20); "Yo recibí del Señor lo mismo que les he enseñado a ustedes: Que la noche que fue entregado, el Señor Jesús tomó pan, y que luego de dar gracias, lo partió y dijo: 'Tomen y coman. Esto es mi cuerpo, que por ustedes es partido; hagan esto en mi memoria.' Asimismo, después de cenar tomó la copa y dijo: 'Esta copa es el nuevo pacto en mi sangre; hagan esto, cada vez que la beban, en mi memoria'" (1 Co 11:23-25); "La copa de bendición por la cual damos gracias, ¿no es la comunión de la sangre de Cristo? Y el pan que partimos, ¿no es la comunión del cuerpo de Cristo?" (1 Co 10:16); "Así que cualquiera que coma este pan o beba esta copa del Señor de manera indigna, será culpado del cuerpo y de la sangre del Señor. Por tanto, cada uno de ustedes debe examinarse a sí mismo antes de comer el pan y de beber de la copa. Porque el que come y bebe de manera indigna, y sin discernir el cuerpo del Señor, come y bebe para su propio castigo" (1 Co 11:27-29).

En la Santa Cena el Señor da lo máximo que es posible dar, a cada comulgante, a saber: su cuerpo y su sangre como prenda y señal de que la redención obrada en la cruz del calvario le pertenece y le asegura de la remisión completa de todos sus pecados. Esta es la parte más importante del Sacramento. En el texto alemán la palabra "verdadera" está insertada ante las palabras "cuerpo y sangre". Era necesario hacer esto por causa de la actitud de los opositores que negaban la presencia verdadera del cuerpo y sangre de Cristo, y pusieron en el lugar del cuerpo verdadero y real de Cristo un cuerpo simbólico e imaginario. La posición de todos los que rechazan la presencia verdadera se reduce, al fin y al cabo, a negar las palabras de la institución: "Esto es mi cuerpo", y las hace decir: "Esto no es mi cuerpo". No son superfluas las palabras adicionales del artículo: "están realmente presentes. Estas palabras protestan contra el entendimiento reformado que considera como presentes solamente el pan y el vino y los considera como símbolos del cuerpo y la sangre de Cristo, mientras éstos, se dice, están verdaderamente ausentes y lejos.

La comunicación verdadera

Concedido que hay una presencia verdadera y objetiva del cuerpo y la sangre de Cristo, se sigue, por ende, que hay una comunicación verdadera y real de éstos al comulgante. Por lo tanto, el artículo agrega que "son distribuidos a los participantes". Esto es en verdad el único propósito de su presencia. No se niega aquí que el sacramento es acto memorial. Se concede esto abiertamente; pero las palabras de Cristo: "Hagan esto en memoria de mí", se aplican al sacramento entero y enseñan que debe recibirse este don precioso en lugar de ser sacrificado o adorado o venerado como se hace en la Iglesia Católica Romana.

La comunicación del cuerpo y sangre de Cristo se verifica, por lo tanto, en el caso de cada comulgante y no depende del comulgante, si éste es un verdadero creyente o si es meramente un creyente de nombre, o sea, un hipócrita. Nuestro Señor no instituyó un sacramento especial para las diferentes clases de comulgantes, y ni la fe ni la incredulidad puede cambiar su institución, o causar o anular la presencia verdadera. No debemos confundir las bendiciones del sacramento con la comunicación verdadera y real del cuerpo y sangre de Cristo. La fe es necesaria para recibir estas bendiciones, pero no es necesario tener fe para recibir el cuerpo y la sangre de Cristo que son comunicados a todos los participantes. Esto se deduce de la enseñanza de la presencia verdadera y objetiva.

La desaprobación

El artículo termina con las palabras "y reprueban a los que no enseñan así". Se incluye en esta desaprobación a los romanistas y a los reformados, pero se la dirige particularmente contra estos últimos, cuya ofensa al rechazar los elementos celestiales es más grande que la ofensa de la Iglesia Católica

Romana que rechaza los elementos terrenales por medio de los cuales se confieren los objetivos celestiales.

Artículo 11

DE LA CONFESIÓN

Nuestras iglesias enseñan de la Confesión que la absolución privada o particular debe ser mantenida en las iglesias; aunque en la confesión no es necesaria la enumeración de todos los pecados. Pues ésta es imposible, según Salmo 19:12: "¿Acaso hay quien reconozca sus propios errores?"

Exposición del Dr. Little

El motivo para este artículo se presentó cuando los reformadores rechazaron el abuso de la confesión que reinaba en la Iglesia Católica Romana y cuando los romanistas declararon subsiguientemente que los reformadores habían abolido la confesión en su medio. El artículo encara y refuta esta suposición. Sin embargo, el énfasis no queda en la confesión como obra del hombre, sino en la absolución como obra de Dios. Consideremos primeramente:

La absolución

Se introduce el asunto con estas palabras: "Nuestras iglesias enseñan de la Confesión que la absolución privada o particular debe ser mantenida en las iglesias". Esto implica que la absolución es cosa necesaria, no como una institución o sacramento eclesiástico, sino como la aplicación y uso correcto del Evangelio según dicen las Escrituras.

Los que hacen objeción contra la doctrina y práctica de la absolución, rechazan o evitan la enseñanza clara del Evangelio con respecto a este asunto. Leemos en Jn 20:21-23: "Entonces Jesús les dijo una vez más: 'La paz sea con ustedes. Así como el Padre me envió, también yo los envío a ustedes.' Y habiendo dicho esto, sopló y les dijo: 'Reciban el Espíritu Santo. A quienes ustedes perdonen los pecados, les serán perdonados; y a quienes no se los perdonen, no les serán perdonados." En Mt 18:18 dice el Señor: "De cierto les digo que todo lo que aten en la tierra, será atado en el cielo; y todo lo que desaten en la tierra, será desatado en el cielo." Estas palabras son tan claras como las de la institución de la Santa Cena.

Hay los que se oponen a la doctrina bíblica de la absolución, pero no niegan que la absolución por parte del ministro se enseña verdaderamente en las Escrituras; sin embargo, no están dispuestos a aceptarla como un poder entregado a la Iglesia; por ende, apoyándose en la teoría romana, dicen que este poder fue entregado solamente a los apóstoles. Luego, contraria a la práctica de Roma, mantienen que este poder se perdió para la Iglesia cuando los apóstoles murieron. Así es que en esta suposición, Roma tiene mejor argumento. A raíz del error de estos objetantes queda un mal entendimiento del Evangelio y el rechazo del mismo como medio de gracia. El poder del ministerio de perdonar pecados se manifiesta en la administración de los dos sacramentos. El pastor no puede bautizar a un niño sin perdonarle sus pecados, porque el bautismo que administra lleva consigo el perdón de los pecados. Asimismo el pastor no puede administrar la Santa Cena al comulgante creyente sin el perdón del pecado porque este es el propósito mismo de la institución de este sacramento.

Parece que los objetantes no quieren ninguna declaración divina y autoritativa del perdón de los pecados, mas quieren recibirla directamente de Dios sin la intervención de agentes y aparte de todos los medios. El que rechaza esta doctrina, en verdad, también niega que el Evangelio es un medio de gracia. Estas suposiciones, al fin, lo llevan a las nociones erróneas de las sectas como los cuáqueros o a la profesión de una perfección absoluta. Si es que Dios no concede el perdón de los pecados por los medios de gracia, entonces no tenemos ninguna seguridad que pudiera conceder perdón. Algunos pasajes de las Escrituras que prueban esta doctrina son los siguientes: "El que los escucha a ustedes, me escucha a mí. El que los rechaza a ustedes, me rechaza a mí; y el que me rechaza a mí, rechaza al que me envió" (Lc 10:16); "No me avergüenzo del evangelio, porque es poder de Dios para la salvación de todo aquel que cree: en primer lugar, para los judíos, y también para los que no lo son" (Ro 1:16); "Por eso también nosotros siempre damos gracias a Dios de que, cuando ustedes recibieron la palabra de Dios que nosotros les predicamos, no la recibieron como mera palabra humana sino como lo que es, como la palabra de Dios, la cual actúa en ustedes los creyentes" (1 Ts 2:13); "Pues nuestro evangelio no llegó a ustedes solamente en palabras, sino también en poder, en el Espíritu Santo y con plena convicción. Ustedes bien saben que, cuando estuvimos entre ustedes, siempre buscamos su propio bien" (1 Ts 1:5); "Santifícalos en tu verdad; tu palabra es verdad. Tal como tú me enviaste al mundo, así yo los he enviado al mundo. Y por ellos yo me santifico a mí mismo, para que también ellos sean santificados en la verdad. Pero no ruego solamente por éstos, sino también por los que han de creer en mí por la palabra de ellos" (Jn 17:17-20).

La gente necesita esta doctrina para que tenga paz de corazón y para aquietar y consolar el alma. Al pensar en sus pecados, la desesperación inevitablemente resultaría si no fuera que el creyente reconoce que el Evangelio tiene el poder de traerle la redención.

La confesión

La confesión privada es necesaria para cuidar bien de las almas. Es un hecho histórico bien establecido que la confesión ya existía en la Iglesia antes del desarrollo del papado. Bajo el dominio del papado ciertos abusos fueron introducidos. La iglesia del papa, en lugar de apoyar la confesión en el Evangelio, como conviene hacer, la apoya en los apóstoles y en la suposición de que los obispos son los sucesores de los apóstoles. También exige en la confesión una enumeración completa de cada pecado, juntamente con las circunstancias del mismo, para que el sacerdote, que tiene que juzgar, pueda pesar la culpa y sentenciar la debida pena. Hacer esto, dice nuestro artículo, "no es necesario", más bien, "es imposible", como atestigua Sal 19:12.

Pero el abuso de una cosa buena no destruye el uso; tampoco justifica su rechazo. La absolución privada, o sea la entrevista entre pastor y feligrés sin la presencia de testigos, es una cosa valiosa y muchas veces es necesaria para que se cuide bien de la administración de los medios de gracia. La confesión privada es relativamente necesaria y debe mantenerse por varias razones. Le da la oportunidad al pastor para entrevistas particulares con cada feligrés o comulgante. También le da al feligrés la oportunidad de aliviarse de las cargas pesadas de su conciencia y recibir el apoyo y consuelo del Evangelio que tanto precisa. Es de gran beneficio, particularmente porque de una manera personal y directa se aplica el Evangelio al mismo corazón del penitente, asegurándole la gracia de Dios y el perdón de sus pecados. De vez en cuando también ayuda al pastor en su deseo de prevenir el pecado. El Artículo XXV, que trata de este asunto otra vez, declara definitivamente: "La Confesión en las iglesias no está abolida entre nosotros. Pues no acostumbramos dar el cuerpo de Cristo, sino a los que antes han sido examinados y absueltos".

Lo que se diga al pastor en la confesión jamás puede divulgarse. Solamente cuando el pastor tiene la confianza de sus feligreses con respecto a esto, vendrán ellos para confesarle de corazón los problemas. La confesión privada debe mantenerse por lo tanto en las iglesias para dar oportunidad a los miembros de confesar sus pecados y recibir el consuelo y dirección necesaria. Nuestra doctrina de la confesión es evangélica, no es una doctrina de ley. La gente debe usarla y apreciarla, y lo harán más y más si nuestros pastores son fieles y tienen la confianza plena de los feligreses.

Artículo 12

DEL ARREPENTIMIENTO

Nuestras iglesias enseñan del arrepentimiento que los que han caído después del Bautismo pueden obtener el perdón de los pecados en cualquier tiempo que se conviertan, y que la Iglesia debe impartir la absolución a los que vuelven arrepentidos. Y el arrepentimiento, propiamente dicho, consta de estas dos partes: una es la contrición o los terrores que atormentan la conciencia una vez conocido el pecado; la otra es la fe, la cual nace del Evangelio o de la absolución, y cree que los pecados son perdonados por los méritos de Cristo, consuela la conciencia y la liberta de los terrores. Después deben seguir las buenas obras, las cuales son frutos del arrepentimiento.

Los nuestros condenan a los anabaptistas, quienes niegan que los que una vez fueron justificados pueden perder el Espíritu Santo; también a los que sostienen que algunos pueden alcanzar tanta perfección en esta vida que no pueden pecar más.

Condenamos también los novacianos,[18] quienes no querían absolver a los que habían caído después del Bautismo y se volvían al arrepentimiento.

Reprobamos también a aquellos que no enseñan que la remisión de los pecados se obtiene por la fe, sino que nos mandan merecer la gracia por nuestras propias satisfacciones.[19]

Exposición del Dr. Little

Los confutadores católico-romanos dieron su aprobación en parte a este artículo. Aprobaron la autorización de la absolución a los penitentes, y la condenación de los novacianos; pero rechazaron la afirmación de que el arrepentimiento comprende dos partes, a saber: la contrición y la fe; y trajeron argumentos de los escritos de los padres de la Iglesia, de los

18 Los novacianos fueron los adeptos a la herejía de Novaciano, obispo de Roma en el siglo 3. Admitían la posibilidad de la remisión de los pecados a los que pecasen después de su bautismo, pero negaban que la Iglesia, siendo la comunión de los santos, les podía absolver y readmitir en su seno.

19 La doctrina que la remisión de los pecados se obtiene, no por la fe, sino por satisfacciones propias, fue y todavía es doctrina de la Iglesia Católica Romana.

decretos de los concilios eclesiásticos, y de pasajes de las Escrituras que no tratan del arrepentimiento, para mantener que la satisfacción debe incluirse en esta doctrina. Es hecho notorio que muchos de los errores de la Iglesia romana se originaron de la perversión paulatina de la enseñanza bíblica referente a este asunto. El artículo presenta los siguientes puntos para nuestra consideración: 1) El derecho de absolución al volver arrepentidos, para los cristianos que cayeron en pecado; 2) Las partes del arrepentimiento verdadero; 3) La relación de las obras buenas con el arrepentimiento; 4) La condenación de los equivocados.

La absolución

No había controversia con la Iglesia Católica Romana en cuanto a la declaración del artículo "que la Iglesia debe impartir la absolución a los que vuelven arrepentidos". Ya por mucho tiempo hubo en la Iglesia la práctica de conceder la absolución a los cristianos, que, después de su bautismo, habían caído en pecado pero que volvieron arrepentidos. Esto implica que los cristianos, que en una oportunidad habían sido creyentes, pueden caer de la fe y así dejar de ser discípulos del Señor Jesucristo. Por medio de la observación ordinaria, uno puede darse cuenta de que este es el caso, y se le comprueba por las numerosas advertencias de las Escrituras para no caer de la fe. (Véase Lc 8:13: "Las que cayeron sobre las piedras son los que, al oír la palabra, la reciben con gozo, pero como no tienen raíces, creen por algún tiempo, pero al llegar la prueba se apartan." San Pablo advierte en 1 Co 10:12: "Así que, el que crea estar firme, tenga cuidado de no caer.")

El arrepentimiento

Aquí tenemos la respuesta evangélica a la pregunta: ¿En qué consiste el arrepentimiento? La respuesta clara del artículo es: "El arrepentimiento, propiamente dicho, consta de estas dos partes: una es la contrición o los terrores que atormentan la conciencia una vez conocidos el pecado; la otra es la fe, la cual nace del Evangelio o de la absolución, y cree que los pecados son perdonados por los méritos de Cristo, consuela la conciencia y la liberta de los terrores". La contrición es la primera parte del arrepentimiento. Pero ¿qué es la contrición? Uno puede sentir el pesar por sus pecados por causa del castigo que merece. Tampoco es esto la contrición. Solamente aquel es contrito, o sea, tiene contrición, que sabe la ley de Dios con todos sus requisitos santos y sus terribles condenaciones de ira en contra del pecador y tiembla y es afligido por causa de los pecados cometidos. Pablo habla de esto en Ro 3:20: "Pues la ley sirve para reconocer el pecado"; y Ro 7:7: "De no haber sido por la ley, yo no hubiera conocido el pecado; porque si la ley no dijera: 'No codiciarás', tampoco yo habría sabido lo que es codiciar."

Esta contrición, de sí misma, lleva solamente a la desesperación. Hay otra cosa que debe agregarse para que el arrepentimiento sea verdadero, y esto es la fe, la fe en el Evangelio. El conocimiento del pecado y todos los terrores de la conciencia son solamente preparatorios a esta. Hay un error muy común en la Iglesia Católica Romana y también en muchas protestantes que supone que la contrición, en sí misma, ya constituye una expiación del pecado y que la fe en el perdón de los pecados por los méritos de Cristo, o no es necesaria, o tiene menor importancia. Pero ningún pesar ni dolor, por profundo que sea, puede borrar el pecado; tampoco puede hacerlo cualquiera otra obra del hombre. En las Escrituras la enseñanza del perdón de los pecados se encuentra expresada muy claramente por Cristo mismo: "Porque de tal manera amó Dios al mundo, que ha dado a su Hijo unigénito, para que todo aquel que en él cree no se pierda, sino que tenga vida eterna" (Jn 3:16); "Éste es el Cordero de Dios, que quita el pecado del mundo" (Jn 1:29); "Y les dijo: 'Así está escrito, y así era necesario, que el Cristo padeciera y resucitara de los muertos al tercer día, y que en su nombre se predicara el arrepentimiento y el perdón de pecados en todas las naciones, comenzando por Jerusalén'" (Lc 24:46-47).

Por lo tanto, el único rescate para los pecadores perdidos y condenados es el de creer en Jesucristo, que murió por nuestros pecados y fue resucitado para nuestra justificación. La Biblia lo enseña en los siguientes textos: "Por cuanto todos pecaron y están destituidos de la gloria de Dios; pero son justificados gratuitamente por su gracia, mediante la redención que proveyó Cristo Jesús, a quien Dios puso como sacrificio de expiación por medio de la fe en su sangre. Esto lo hizo Dios para manifestar su justicia, pues en su paciencia ha pasado por alto los pecados pasados, para manifestar su justicia en este tiempo, a fin de que él sea el justo y, al mismo tiempo, el que justifica al que tiene fe en Jesús" (Ro 3:23-26); "Porque a su debido tiempo, cuando aún éramos débiles, Cristo murió por los pecadores. Es difícil que alguien muera por un justo, aunque tal vez haya quien se atreva a morir por una persona buena. Pero Dios muestra su amor por nosotros en que, cuando aún éramos pecadores, Cristo murió por nosotros" (Ro 5:6-8); "En esto consiste el amor: no en que nosotros hayamos amado a Dios, sino en que él nos amó a nosotros, y envió a su Hijo en propiciación por nuestros pecados" (1 Jn 4:10).

Las buenas obras

El artículo enseña en una oración corta la relación entre las buenas obras y el arrepentimiento: "Después deben seguir las buenas obras, las cuales son frutos del arrepentimiento. Pero esto no es un desprecio de las buenas obras. Siendo que la fe es activa, las buenas obras siempre siguen como frutos del arrepentimiento genuino, pero las buenas obras no pueden salvarnos aunque sean importantísimas en la vida cristiana. Por lo tanto, hay que ponerlas en su debido lugar. Si las incluimos como parte esencial del arrepentimiento, quitamos todo consuelo del glorioso mensaje del Evangelio que dice que todos nuestros pecados son perdonados por los méritos de Cristo. Se exigen las buenas obras a los cristianos, no para obtener el perdón de los pecados o la salvación, sino para que se realice la voluntad de Dios para con nosotros. Estudia estos textos de la Biblia: "Ni los defrauden, sino que se muestren fieles en todo, para que en todo engalanen la doctrina de Dios, nuestro Salvador" (Tit 2:10); "Quien se dio a sí mismo por nosotros para redimirnos de toda iniquidad y purificar para sí un pueblo propio, celoso de buenas obras" (Tit 2:14); "Ciertamente la gracia de Dios los ha salvado por medio de la fe. Ésta no nació de ustedes, sino que es un don de Dios; ni es resultado de las obras, para que nadie se vanaglorie. Nosotros somos hechura suya; hemos sido creados en Cristo Jesús para realizar buenas obras, las cuales Dios preparó de antemano para que vivamos de acuerdo con ellas" (Ef 2:8-10). Las buenas obras siguen, sin falta, como demonstración de la nueva vida creada en los creyentes y son la respuesta grata a Dios por la gracia abundante demostrada hacia el hombre en Cristo Jesús, el Señor. El Espíritu Santo, que participa en la vida del hombre, produce estas buenas obras; pero las buenas obras no forman parte del arrepentimiento.

Las condenaciones

Se condenan cuatro clases de equivocados. Primeramente, a los anabaptistas, que mantienen que una vez justificado, el hombre no puede perder el Espíritu de Dios. Esto incluye a todos los calvinistas con la enseñanza de la gracia irresistible y la perseverancia de los santos. Otro grupo son los que mantienen que es posible alcanzar una perfección completa en esta vida. El tercer grupo son los novacianos,[20] una secta del tercer siglo, que negó absolución a los caídos en pecado después del bautismo. Esta secta ha pasado ya, pero se consideró sabio repudiar a tales herejes mencionándolos, porque el doctor Eck culpó a los luteranos de esta herejía.

20 Véase en capítulo 12 nota sobre los novacianos.

Finalmente se condenan a los católico-romanos quienes mantienen que debe merecerse la gracia por medio de las obras de satisfacción realizadas por el penitente mismo, según el sacramento llamado de la Penitencia.

Artículo 13

DEL USO DE LOS SACRAMENTOS

Del uso de los Sacramentos, las iglesias enseñan que los Sacramentos fueron instituidos no tan sólo como simples distintivos de profesión entre los hombres, sino más bien para que sean signos y testimonios de la voluntad de Dios para con nosotros, instituidos para despertar y confirmar la fe en quienes los reciben. Por tanto, deben usarse los Sacramentos de tal manera que vayamos a ellos con la fe por la cual creemos en las promesas, que nos ofrecen y presentan los Sacramentos.

Por eso los nuestros condenan a los que enseñan que los Sacramentos justifican por el mero acto externo (*ex opere operato*), y no enseñan que, en el uso de los Sacramentos, se necesita aquella fe que cree que los pecados son perdonados.

Exposición del Dr. Little

Este artículo no se refiere a los "siete sacramentos" de la Iglesia Católica Romana sino a los dos sacramentos verdaderos, a saber, el Bautismo y la Santa Cena, estudiados ya en artículos previos. Este artículo, como presentado en Augsburgo, no incluía el párrafo condenatorio dirigido contra los católico-romanos. Por eso fue bien recibido por los confutadores que agregaron solamente: "Tenemos que pedir de ellos que confiesen también específicamente con respecto a los siete sacramentos de la Iglesia lo que atribuyen a los sacramentos en general". Se puede dividir el artículo en las siguientes partes: 1) La naturaleza y designio de los sacramentos; 2) La necesidad de la fe para apropiarse la gracia sacramental; 3) Las condenaciones de enseñanzas contrarias.

La naturaleza de los sacramentos

Al tratar de la naturaleza y designio de los sacramentos, no hay ninguna intención de negar que los sacramentos son señales de confesión entre los hombres. Siendo que el Bautismo y la Santa Cena sólo son administrados en la Iglesia, ellos identifican, por lo menos exteriormente, a los participantes como miembros de esta Iglesia. La participación de los

Sacramentos en la Iglesia Católica Romana, identifica al participante como miembro de esa Iglesia. La misma cosa se mantiene con referencia a las Iglesias luterana y reformada. Este hecho hace imposible la inter-comunión sin afectar la honestidad del comunicante. Pero este detalle del sacramento es solamente accidental y recibe poco énfasis en nuestra Iglesia, que considera a los sacramentos como mucho más que señales, por las cuales los cristianos pueden ser distinguidos. Los sacramentos, como dice el artículo, fueron instituidos "para que sean signos y testimonios de la voluntad de Dios para con nosotros, instituidos para despertar y confirmar la fe en quienes los reciben." Esto es así, porque son parte del Evangelio y, por consiguiente, medios de gracia. El Sacramento está debidamente caracterizado por San Agustín en la frase: "Palabra visible", diferenciándolo de la "palabra oída" de la predicación.

Melanchton dice en la Apología, en cuanto a los dos sacramentos, el Bautismo y la Santa Cena: "Estos ritos tienen el mandato de Dios y la promesa de gracia que es peculiar al Nuevo Testamento... y Dios, al mismo tiempo, por medio de la Palabra y del rito, causa a los corazones que crean y que conciban la fe... pero como la palabra entra por el oído para dar con nuestro corazón, así el rito mismo da al ojo para conmover el corazón".

Cuando se dice que son "signos y testimonios de la voluntad de Dios para con nosotros", quiere decir que ellos verdaderamente comunican aquella bendición de que hablan las palabras de la institución y que no son signos o ritos vacíos. Cada uno de estos sacramentos individualiza la promesa general del Evangelio del perdón de los pecados, por los méritos de Cristo, para dar paz y consuelo al cristiano creyente. En el Bautismo se da la vida espiritual y se despierta la fe. Por lo tanto, estos dos sacramentos, en verdad, son medios de gracia, llevando consuelo y alegría a cada creyente que los recibe. Dios, por medio de su Palabra y los Sacramentos, provee abundantemente para que sea comunicada su gracia, obtenida para todos los pecadores por medio del sacrificio de su querido Hijo, Jesucristo, nuestro Señor. En la Santa Cena Dios nos asegura la remisión bondadosa, dando en prenda el cuerpo y sangre de Cristo.

La necesidad de la fe

Las palabras de nuestro artículo dicen: "Por tanto, deben usarse los Sacramentos de tal manera que vayamos a ellos con la fe por la cual creemos en las promesas que nos ofrecen y presentan los Sacramentos". Aquí, se expone el propósito principal del artículo que quiere poner énfasis en la necesidad de la fe para recibir los beneficios de los Sacramentos. Los

Sacramentos mismos, como institución de Dios son objetivos. Nuestra fe no puede hacerlos ni anularlos. Pero la fe es necesaria para recibir la bendición. Jamás se da bendición espiritual sin la fe. Por lo tanto, el artículo debidamente levanta su voz en contra de la perversión romana que convierte a estos sacramentos en unas fórmulas mágicas, obrando maquinalmente. Y cuando se dice que "vayamos a ellos con la fe" se entiende algo muy distinto del entendimiento romano que hace de la fe solamente una aprobación a lo que la Iglesia enseña. Aquí se entiende por fe, la confianza en las promesas del perdón de los pecados ofrecido en los sacramentos. La fe es necesaria para obtener la bendición, porque es el único medio para recibirla.

Las condenaciones

La condenación se dirige contra los romanistas que enseñan que los sacramentos justifican por hacer el acto, o sea por el mero cumplimiento externo, y que la fe no es necesaria en el uso de los sacramentos.

Artículo 14

DEL ORDEN ECLESIÁSTICO

Del orden eclesiástico, nuestras iglesias enseñan que nadie debe enseñar públicamente en la Iglesia o administrar los Sacramentos, si no ha sido regularmente llamado.

Exposición del Dr. Little

Este artículo breve es muy importante. Pone énfasis en que el llamado extendido por la Iglesia es un verdadero llamamiento de Dios, manteniendo esta doctrina que es rechazada por las sectas que se oponen al ministerio público, tales como los socinianos, anabaptistas y cuáqueros. También refuta la acusación de los católico-romanos quienes consideraban a los reformadores, según su definición de la Iglesia (esencialmente la congregación de los verdaderos creyentes) como rechazadores de la validez del llamado. Los confutadores aceptaron el artículo en parte, agregando: "se debe entender que es llamado debidamente aquel que llamado en forma legal según las disposiciones y los decretos eclesiásticos hasta ahora observados universalmente en el mundo cristiano, y no a manera que Jeroboam llamó a sus sacerdotes, tampoco por tumulto o cualquiera intrusión desordenada por parte de la gente... En este sentido se acepta la confesión. No obstante, deben ser amonestados (los príncipes) a persistir en esto y no admitir en sus jurisdicciones a ninguno corno pastor o maestro si no re llamado debidamente".

Este artículo presenta el orden divino según el cual se efectúa la administración pública de los medios de gracia. Dios ha ordenado que la Palabra y los Sacramentos en los medios de gracia para aplicar las bendiciones y los beneficios de la redención obrada para todos los hombres por el sacrificio de su Hijo Jesucristo, nuestro Señor. Estos medios han de ser administrados. Su administración ha sido entregada por el Señor, a la Iglesia, esto es, a los creyentes, con la seguridad de que los sacramentos son tan válidos, administrados por manos de ellos, como si fuesen administrados personalmente por Jesús. La prueba de esta doctrina se encuentra en los siguientes pasajes: "Entonces Jesús les dijo una vez más: 'La paz sea con ustedes. Así como el Padre me envió, también yo los envío a ustedes'" (Jn 20:21); "El que los escucha a ustedes, me escucha a mí. El que los rechaza a ustedes, me rechaza a mí; y el que me rechaza a mí, rechaza al que me envió" (Lc 10:16). El punto fundamental es este, que los medios de gracia son entregados a los creyentes. Se profesa naturalmente que los creyentes se reúnen para organizarse en congregaciones, donde se cuida de la administración de estos medios de gracia entre sí. Todos los creyentes en tales congregaciones tienen los mismos derechos y las mismas obligaciones y deberes. Pero resultaría solamente confusión si todos tuviesen ejecución pública de estos oficios, y por eso, para mantener buen orden, la administración de los medios de gracia tiene que ser comisionada a cierto individuo o individuos que poseen los requisitos y cualidades, y que son llamados para este fin por la congregación. El ministerio es institución divina, y Dios mismo ha ordenado que personas aptas deben ser elegidas para este oficio, como lo demuestran los siguientes pasajes: "En la iglesia Dios ha puesto, en primer lugar, apóstoles, luego profetas, y en tercer lugar, maestros; luego están los que hacen milagros, después los que sanan, los que ayudan, los que administran, y los que tienen don de lenguas" (1 Co 12:28); "¿Y cómo predicarán si no son enviados? Como está escrito: '¡Cuán hermosa es la llegada de los que anuncian la paz, de los que anuncian buenas nuevas!'" (Ro 10:15). La congregación de creyentes, y ella sola, tiene el derecho de llamar a hombres aptos para este oficio. Y este llamamiento es un llamamiento tan divino como si el Señor mismo lo hubiese mandado. Este llamamiento especial es necesario para la administración pública de los oficios del ministerio. El llamamiento de los siete diáconos, como queda relatado en Hechos 6, nos da un ejemplo.

Hay varias teorías relativas a cómo el individuo recibe el llamamiento al ministerio. Unos mantienen que el poder de administrar los medios de gracia dado al ministerio como una orden de la Iglesia. Otros mantienen que fue dado a los apóstoles y, por ellos transmitido a sus sucesores, o sea a los obispos. Otra teoría es que el poder supremo fue dado a Pedro y por él a sus sucesores, o sea los papas. Todas estas teorías se fundan en la suposición de que la Iglesia es cuerpo gobernante. Por consecuencia, todas estas teorías serán rechazadas donde se mantiene la definición correcta de la Iglesia. Asimismo deben ser rechazadas todas las teorías que dividen a la Iglesia en diferentes órdenes, o clases, como la de los clérigos y la de los legos. El derecho de la Iglesia de elegir a sus propios ministros se afirma expresamente en los Artículos de Esmalcalda: "Donde existe la Iglesia, allí siempre está el mandato de predicar el Evangelio. Por lo tanto, las iglesias mantienen el poder de llamar, de elegir, y de ordenar a los ministros".

Siendo la prerrogativa de la congregación de creyentes la de llamar debidamente a individuos aptos para desempeñar los deberes del ministerio públicamente en nombre y como representantes de ella, nadie debe pretender apoderarse de este oficio sin un llamamiento regular. Hacerlo, sería pecar contra el orden divino. Los miembros de la congregación, cuando llamen a un pastor para hacer las funciones públicas, no renuncian a sus derechos, dones o privilegios como reyes y sacerdotes a los cuales el Señor había entregado los medios de gracia. Todavía retienen todos sus derechos y privilegios como sacerdotes espirituales y todavía administran los medios de gracia privadamente. Pero ellos nombran a uno como pastor para estos oficios públicos que ellos mismos no pueden desempeñar directamente. Ellos hacen a la persona nombrada responsable del buen desempeño y de la correcta administración de su oficio. Al mismo tiempo, el pastor es responsable ante el Señor, que lo llamó por medio de la congregación. Por ende, la Iglesia, que tiene la responsabilidad ante el Señor de administrar públicamente este oficio según su voluntad, tiene que insistir en que nadie predique públicamente en la Iglesia o administre los sacramentos si no ha sido llamado debidamente.

Artículo 15

DE LOS RITOS ECLESIÁSTICOS

De los ritos eclesiásticos nuestras iglesias enseñan que deben ser conservados aquellos ritos que pueden ser observados sin pecado y que son útiles para la tranquilidad y el buen orden en la Iglesia, como ciertos días festivos, fiestas y otros semejantes.

En cuanto a estas cosas, se amonesta a los hombres que no carguen sus conciencias como si tales cultos fueran necesarios para la salvación.

También se amonesta que las tradiciones humanas, instituidas para satisfacer a Dios, merecer la gracia y dar satisfacción por los pecados, son contrarias al Evangelio y a la doctrina de la fe. Por eso los votos y las tradiciones con respecto a comidas y días, etc. instituidas para merecer la gracia y satisfacer por los pecados, son inútiles y contra el Evangelio.

Exposición del Dr. Little

Este artículo presenta los principios que deben guiar a la Iglesia en el uso de los ritos y ceremonias. Los confutadores católico-romanos aceptaron el artículo, en parte; pero rechazaron enérgicamente la declaración que las ordenanzas humanas instituidas para propiciar a Dios y para hacer satisfacción por los pecados, están en contra del Evangelio. El artículo contiene: 1) Una declaración con respecto a cuáles ritos y ceremonias deben usarse, y ciertas amonestaciones relativas a ellos; 2) Advertencias en contra de las ceremonias opuestas al Evangelio y contra las tradiciones instituidas para propiciar a Dios y merecer gracia.

Declaración

La Iglesia no puede prescindir completamente del uso de ritos y ceremonias, y por lo tanto, es importante que distinga entre los ritos de origen meramente humano y los de ordenanza divina. Las ceremonias instituidas divinamente eran las leyes ceremoniales del Antiguo Testamento con referencia a lugares, personas y tiempos. Todas estas señalaron de antemano a Cristo, y, por ende, eran sólo de naturaleza temporal. Se establece este hecho, estudiando los dos siguientes textos del Nuevo Testamento: “Porque el reino de Dios no es cuestión de comida ni de bebida, sino de justicia, paz y gozo en el Espíritu Santo” (Ro 14:17); “No permitan, pues, que nadie los juzgue por lo que comen o beben, o en relación con los días de fiesta, la luna nueva o los días de reposo. Todo esto no es más que una sombra de lo que está por venir; pero lo real y verdadero es Cristo" (Col 2:16-17). En el Nuevo Testamento no hay leyes ceremoniales, ritos o ceremonias instituidas divinamente. El Bautismo y la Santa Cena, aunque considerados por algunos como tales, no son, correctamente hablando, ritos o ceremonias, sino que son Sacramentos, y como tales, medios de la gracia de Dios.

Con referencia a las ordenanzas de origen meramente humano, se ha de observar que todas no tienen igual valor. Algunas ya existían en la Iglesia desde su principio y su valor y utilidad se probaron definitivamente. En cuanto al culto público, por ejemplo, encontramos que las Escrituras exigen esta adoración; pero no está prescrito cómo, cuándo y dónde debe efectuarse esta reunión. La Iglesia tiene la libertad cristiana para decidirlo, pero no de tal manera que cada individuo o congregación puede hacer lo que le plazca. Toda libertad es limitada y se gobierna según el Evangelio. Asimismo, la administración del Evangelio y los Sacramentos es cosa necesaria, pero la forma de su administración es cosa de libertad. Otras ceremonias no tienen esta autoridad divina, mas tienen sólo autoridad humana. Algunas de estas pueden ser útiles; otras, inútiles. Todo depende de que detengan o no el progreso del Evangelio. El artículo se expresa de esta manera: "Deben ser conservados aquellos ritos que pueden ser observados sin pecado y que son útiles para la tranquilidad y el buen orden en la Iglesia, como ciertos días festivos, fiestas y otros semejantes". Esto incluye el domingo y los días festivos del año eclesiástico, los cuales observamos en nuestras iglesias. En esto, nuestra Iglesia, siguiendo el ejemplo de Lutero, es más conservadora que las Iglesias reformadas que siguieron el ejemplo de Zwinglio y Calvino. Estos querían eliminar de la Iglesia todo lo que no fuera expresamente ordenado en las Escrituras. El principio de Lutero, que la Iglesia de la reforma conservadora siguió, era el de retener todo lo que había establecido su valor en la Iglesia, a no ser que sea contrario al Evangelio. Se puede justificar esta posición siguiendo la admonición apostólica: "Examínenlo todo; retengan lo bueno" (1 Ts 5:21). Aún en esto se ha de ejercer vigilancia para que estas ceremonias no sean presentadas como necesarias para la salvación y de esta manera obligar las conciencias de la gente.

Advertencias

Se debe conceder la libertad de acción en todos los casos donde la Palabra de Dios no da directivas específicas. Generalmente esto trata del modo de hacer cierta cosa. La Iglesia puede establecer ordenanzas, y sus miembros, disfrutando de su libertad, deben observarlas aun en el caso cuando personalmente no estén en favor. Sin embargo, en el caso de insistir en la observación de estos ritos para la salvación, entonces los ritos son elevados a la posición de mandamientos divinos. En tales circunstancias la obediencia sería un yugo sobre la conciencia y un consentimiento al error. Contra esto advierte el artículo.

Se advierte también contra las "tradiciones humanas instituidas para propiciar a Dios, para merecer la gracia, y para hacer satisfacción por los pecados". La advertencia dice que esto es contrario al Evangelio y a la doctrina de la fe. La admonición se dirige contra la Iglesia Católica Romana con su sistema complicado de obras para la justicia, los votos, las penitencias, los ayunos, las indulgencias, las peregrinaciones, y todas las otras "obras meritorias", por medio de las cuales los católicos estiman que pueden propiciar a Dios, merecer la gracia, y obtener el perdón de los pecados. Los cristianos deben poner cuidado particularmente en el uso de los votos y las tradiciones, que son representadas como merecedoras de gracia y obradores de satisfacción, por los pecados, porque para esto son inútiles y contrarias al Evangelio. Melanchton en la Apología habla enfáticamente de este asunto y describe tales tradiciones como doctrinas de diablos y como contribuyentes al establecimiento del reino del Anticristo.

Artículo 16

DE ASUNTOS CIVILES

De los asuntos civiles las iglesias enseñan que las legítimas ordenanzas civiles son buenas obras de Dios, que es lícito para los cristianos ejercer la magistratura, administrar justicia, juzgar cosas según las leyes imperiales y otras leyes vigentes, imponer penas justas, tomar parte en guerra justa, prestar servicio militar, hacer contratos legales, tener propiedad, prestar juramento cuando son juramentados por los magistrados, tener esposa, etc.

Los nuestros condenan a los anabaptistas, que prohíben a los cristianos estos cargos civiles.

Condenamos también a los que no colocan la perfección evangélica en el temor de Dios y la fe, sino en el abandono de los oficios civiles; pues el Evangelio enseña la justicia eterna del corazón. Entre tanto, no deshace ni el gobierno civil ni la familia; sino que, por el contrario, demanda conservarlos como ordenanzas de Dios, y ejercer la caridad en estas ordenanzas.

Por eso los cristianos deben necesariamente obedecer a sus magistrados y a las leyes; mas cuando ordenen pecar, entonces los súbditos deben obedecer a Dios antes que a los hombres (Hch 5:29).

Exposición del Dr. Little

La opinión radical, propagada y llevada a cabo por ciertas sectas del tiempo de la Reforma, ocasionó este artículo. Con la Iglesia Católica Romana no había controversia sobre este punto. Los teólogos católico-romanos recibieron este artículo con gozo, estimándolo en armonía con la ley civil y canónica, con el Evangelio y las Escrituras, e igualmente en armonía con la norma universal de la fe. Declararon que debían ser alabados los príncipes por haber condenado a los anabaptistas, "quienes echan abajo toda ordenanza civil y prohíben a los cristianos el ser magistrados y otros oficios civiles, sin los cuales ningún estado puede ser administrado con buen éxito". El artículo da una de las más claras explicaciones que se encuentran en la cristiandad sobre el estado y sus deberes, y de la relación entre el estado y los cristianos. El asunto está presentado positiva y negativamente.

La parte positiva

Con las palabras "las iglesias enseñan que las legítimas ordenanzas civiles son buenas obras de Dios", el artículo establece la doctrina de que el gobierno civil es de institución divina. Cada organización, sociedad o estado pone sobre sus miembros ciertas limitaciones a la libertad personal. No hay tal cosa como libertad absoluta del individuo o igualdad absoluta de todos los hombres. Siempre hay una distinción entre los gobernantes y los súbditos. La autoridad es cosa necesaria en cada estado; sin ella, no habría gobierno, sino anarquía. Las Escrituras enseñan que el estado es institución divina para castigar a los malhechores y para alabar a los que hacen bien. Estudia los siguientes textos: "Todos debemos someternos a las autoridades, pues no hay autoridad que no venga de Dios. Las autoridades que hay han sido establecidas por Dios. Por lo tanto, aquel que se opone a la autoridad, en realidad se opone a lo establecido por Dios, y los que se oponen acarrean condenación sobre ellos mismos. Porque los gobernantes no están para infundir temor a los que hacen lo bueno, sino a los que hacen lo malo. ¿Quieres vivir sin miedo a la autoridad? Haz lo bueno, y tendrás su aprobación, pues la autoridad está al servicio de Dios para tu bien. Pero si haces lo malo, entonces sí debes temer, porque no lleva la espada en vano, sino que está al servicio de Dios para darle su merecido al que hace lo malo. Por lo tanto, es necesario que nos sujetemos a la autoridad, no sólo por causa del castigo, sino también por motivos de conciencia. Por eso mismo ustedes pagan los impuestos, porque los gobernantes están al servicio de Dios y se dedican a gobernar" (Ro 13:1-6); "Por causa del Señor, muéstrense respetuosos de toda institución humana, se trate del rey, porque es el que gobierna, o de sus gobernadores, porque el rey los ha enviado para castigar a los malhechores y para elogiar a los que hacen el bien. La voluntad de Dios es que ustedes practiquen el bien, para que así hagan callar la ignorancia de la gente insensata. Hagan uso de su libertad, pero no la usen como pretexto para hacer lo malo, sino para servir a Dios. Respeten a todos. Amen a los hermanos. Teman a Dios y respeten al rey" (1 P 2:13-17).

Estos textos hablan definitivamente. Para llevar a cabo los propósitos indicados, Dios ha dado al gobierno civil ciertos medios. Estos medios no son la súplica o la persuasión, sino la fuerza, representada por la espada. En este sentido el estado es muy diferente de la Iglesia. La Iglesia no tiene otra espada que "la espada del Espíritu, que es la Palabra de Dios", pero el estado, que debe mantener orden y ejecutar justicia, tiene la espada como arma contra todos los transgresores.

Todo gobierno civil, sea cual fuere su forma, es instituido por Dios. Ninguna forma particular del gobierno civil puede jactarse de ser la forma exclusivamente legítima. "Las potestades que son, de Dios son ordenadas". Esto se refiere a todos los estados, sea la forma del gobierno una monarquía, oligarquía, democracia. El poder de gobernar no se deriva en ningún caso, de la voluntad de la gente, sino que es de Dios y es su ordenanza. El que se opone a la potestad peca, no solamente contra la autoridad de los gobernantes humanos, sino también contra la ordenanza divina y su método de gobernar al mundo. Los representantes del gobierno civil pueden equivocarse, porque son seres humanos como los demás. Puede ser que también abusen de su poder, pero su autoridad, por eso, no es anulada. Son responsables delante de Dios por el ejercicio de su autoridad y le tienen que dar cuenta por todo abuso de este poder. El gobierno romano, en los días de Cristo y sus apóstoles, no era perfecto de ninguna manera; sin embargo, nuestro Señor dijo: "Den al César lo que es del César" (Mt 22:21); Y San Pablo dice: "Todos debemos someternos a las autoridades, pues no hay autoridad que no venga de Dios" (Ro 13:1).

El gobierno civil y el cristianismo son independientes. El gobierno civil existe también en las naciones no cristianas, y allí igualmente es ordenanza de Dios como lo es entre las naciones cristianas. Por ordenanza de Dios, el gobierno civil recibió la autoridad de hacer y ejecutar leyes para el orden y la paz externa. Esto no quiere decir que nunca cometerán errores, tampoco que nunca se volverán depravados. Por lo tanto, la obediencia no es absoluta. Por ejemplo, la obediencia no les pertenece cuando traspasan sus límites y extienden su autoridad a las cosas espirituales o anulen el derecho de la conciencia. En todos los casos de conflicto verdadero entre el gobierno civil y la Palabra de Dios, los cristianos tienen que seguir el ejemplo apostólico y obedecer a Dios antes que a los hombres (Hch 5:29). Pero aun en este caso, la rebelión no se justifica: el cristiano tiene que .sujetarse con paciencia a las consecuencias de su opción de no obedecer.

Habiendo declarado que las ordenanzas civiles son buenas obras de Dios, el artículo dice que los cristianos tienen el pleno derecho de participar en la administración del gobierno cuando para esto son llamados, y de usar las instituciones y oficios civiles. Aunque el gobierno civil no exija que sus oficiales sean cristianos, sin embargo, pueden y ciertamente conviene que los cristianos se ocupen en estos oficios. Ocuparse en cualquier oficio del gobierno civil no es incompatible con el cristianismo. Por el contrario, los cristianos muchas veces desempeñarían sus oficios con más fidelidad que los no cristianos, porque ellos reconocen bien sus obligaciones hacia Dios en estos asuntos.

Y si los cristianos pueden aceptar los puestos oficiales, pueden también ejecutar cualquier deber civil que les corresponda, mientras que estos deberes no están en conflicto con la Palabra de Dios. Algunos de estos deberes que el cristiano puede ejecutar con una conciencia buena son enumerados en el artículo. El cristiano puede ser juez, juzgando los asuntos de acuerdo con las leyes en vigencia, y puede pronunciar la sentencia.

El cristiano puede también participar en guerras justas. Cierto es que se reconoce la guerra por castigo grande y mal pésimo pero no puede ser evitada siempre, como tampoco muchas otras cosas malas del mundo actual. Los colocados en puestos de autoridad que declaran la guerra tienen que dar cuenta a Dios por sus hechos. Es deber del cristiano obedecer cuando es llamado para llevar las armas en defensa de su patria. No corresponde a él, sino al gobierno, juzgar si la causa es justa o no lo es. Pero cuando la conciencia del cristiano se ofende y él está convencido de que su patria no tiene causa justa, él puede y tiene que rehusar su obediencia; pero, al mismo tiempo, tiene que estar dispuesto a padecer las consecuencias de su actitud y con paciencia sujetarse al castigo que el gobierno le imponga.

El cristiano también puede jurar cuando el magistrado se lo exija. En su vida ordinaria el cristiano dice: sí, sí, y no, no, y no jura en ninguna manera. El juramento, en sí mismo, no es malo y puede ser obligatorio en ciertas circunstancias. El Señor mismo juró delante de Caifás, y Dios usa el juramento para asegurarnos aún más de sus promesas (Heb 6:16). Para hacer justicia, disculpando al inocente y castigando al culpable, el gobierno puede exigir el juramento a la gente, y el cristiano no vacila en prestar juramento.

Tener propiedad, casarse, y ser casado son también cosas que pertenecen a la vida externa y es lícito a los cristianos participar de estas cosas igualmente que a los demás.

La parte negativa

Esta parte toma la forma de condenaciones. En primer lugar, se condena a la secta radical de los anabaptistas quienes condenaron a los cristianos por ocupar puestos civiles. Asimismo se condena a los católico-romanos porque representan la perfección cristiana como si consistiese en las prácticas ascéticas, tales como la pobreza, la castidad, el celibato, la vida soltera más que el matrimonio, y la obediencia a las autoridades eclesiásticas aun cuando usurpan las prerrogativas que más bien pertenecen al estado. Además, se condena a todas las sectas que consideran el abandono de los puestos civiles como una virtud. La verdad del asunto es que el Evangelio no destruye ni el hogar ni el estado, mas lo estima en honor corno ordenanzas de Dios y exige a los cristianos que prestan la debida obediencia a los gobernantes, magistrados y a la autoridad establecida.

Artículo 17

DE LA SEGUNDA VENIDA DE JESUCRISTO

Las iglesias enseñan también que Cristo reaparecerá en la consumación del mundo para el juicio, y que resucitará a todos os muertos; a los píos y electos dará la vida eterna y gozo perpetuo; pero condenará a los hombres impíos y a los diablos para ser atormentados eternamente.

Los nuestros condenan a los anabaptistas, los cuales opinan que las penas de los hombres condenados y de los demonios tendrán fin.

Condenamos también a los que ahora propagan las opiniones judaicas de que antes de la resurrección de los muertos, después que los impíos hayan sido suprimidos en todas partes, los buenos ocuparán el reino del mundo.

Exposición del Dr. Little

No había controversia con la Iglesia Católica Romana sobre esta doctrina. Se ocasionó la discusión para desligar a los luteranos de las doctrinas de ciertas sectas fanáticas, doctrinas de que habían sido culpados los luteranos. La parte positiva de este artículo puede formularse de esta manera: La doctrina de la Iglesia Luterana de las postrimerías. La parte negativa contiene las condenaciones de los anabaptistas y otros que mantienen enseñanzas y opiniones contrarias a las Escrituras en cuanto a las postrimerías.

Declaración positiva

El primer punto que el artículo considera es la segunda venida de Cristo. Dice: "Las iglesias enseñan también que Cristo reaparecerá en la consumación del mundo para el juicio". Estas palabras se refieren a la venida visible de Cristo (véase Hch 1:11). No quiere negar que Cristo actualmente está con los suyos. Tampoco quiera negar que había estado con ellos siempre desde el fin del período de su humillación, cumpliendo su promesa: "Y yo estaré con ustedes todos los días, hasta el fin del mundo" (Mt 28:20); "Porque donde dos o tres se reúnen en mi nombre, allí estoy yo, en medio de ellos" (Mt 18:20). Dondequiera que se administran los medios de gracia, allí está Cristo, que viene por medio del Espíritu Santo para aplicarnos la salvación que él ha adquirido. La declaración quiere decir que Cristo vendrá visiblemente con poder y gran gloria, como enseñan las Escrituras con las siguientes palabras: "Entonces aparecerá en el cielo la señal del Hijo del Hombre, y todas las tribus de la tierra se lamentarán, y verán al Hijo del Hombre venir sobre las nubes del cielo, con gran poder y gloria. Y enviará a sus ángeles con gran voz de trompeta, y de los cuatro vientos, desde un extremo al otro del cielo, ellos juntarán a sus elegidos" (Mt 24:30-31); "¡Miren! ¡Ya viene en las nubes! Y todos lo verán, aun los que lo traspasaron; y todas las naciones de la tierra harán lamentación por él. Sí, amén" (Ap 1:7).

El objeto o propósito de la venida de Cristo es para el juicio. Vendrá para juzgar a los vivos y a los muertos. Este hecho pondrá fin al último capítulo de la historia de este mundo, como dicen las Escrituras: "Porque él ha establecido un día en que, por medio de aquel varón que escogió y que resucitó de los muertos, juzgará al mundo con justicia" (Hch 17:31); "Pues el Padre no juzga a nadie, sino que todo el juicio se lo ha dado al Hijo, para que todos honren al Hijo tal y como honran al Padre. El que no honra al Hijo, no honra al Padre que lo envió" (Jn 5:22-23); "Porque es necesario que todos nosotros comparezcamos ante el tribunal de Cristo, para que cada uno reciba según lo bueno o lo malo que haya hecho mientras estaba en el cuerpo" (2 Co 5:10); "...en el día en que Dios juzgará por medio de Jesucristo los secretos de los hombres, conforme a mi evangelio" (Ro 2:16).

Este juicio será un juicio general, incluyendo a toda la raza humana. Será un juicio sabio, de acuerdo con las Palabras de Dios; según el Evangelio para los creyentes, según la Ley para los incrédulos, con debida atención en los dos casos a las obras hechas en el cuerpo como manifestación de la fe o de la incredulidad, para determinar el grado de bienaventuranza o miseria que será aplicado en cada caso.

Otra cosa que acontecerá cuando venga Jesús la segunda vez será la resurrección de los muertos. El artículo lo dice expresamente con las palabras: "Y resucitará a todos los muertos; a los piadosos y electos dará vida eterna y gozo perpetuo; pero condenará a los hombres impíos y a los diablos para ser atormentados eternamente." Estas palabras presentan una doctrina insinuada en el Antiguo Testamento y claramente revelada en los siguientes textos: "Así como los hijos eran de carne y hueso, también él era de carne y hueso, para que por medio de la muerte destruyera al que tenía el dominio sobre la muerte, es decir, al diablo, y de esa manera librara a todos los que, por temor a la muerte, toda su vida habían estado sometidos a esclavitud" (Heb 2:14-15); "Y no sólo ella, sino también nosotros, que tenemos las primicias del Espíritu, gemimos dentro de nosotros mismos mientras esperamos la adopción, la redención de nuestro cuerpo" (Ro 8:23); "Pero, si se predica que Cristo ha resucitado de entre los muertos, ¿cómo es que algunos de ustedes dicen que los muertos no resucitan?" (1 Co 15:12); "Pero nuestra ciudadanía está en los cielos, de donde también esperamos al Salvador, al Señor Jesucristo; él transformará el cuerpo de nuestra humillación, para que sea semejante al cuerpo de su gloria, por el poder con el que puede también sujetar a sí mismo todas las cosas" (Fil 3:20-21).

El artículo dice: Cristo "dará la vida eterna y gozo perpetuo" a los piadoso y electos. Esto indica la consumación del plan de Dios con referencia a los creyentes. Luego entrarán en pleno regocijo de todo lo que Cristo les ha obtenido por su obra de redención. Ya en esta vida tienen la salvación y la vida eterna por la fe, pero después del juicio entrarán para tomar posesión completa de todo lo que tenían en esta vida en fe y en esperanza. Las Escrituras dicen: "Bendito sea el Dios y Padre de nuestro Señor Jesucristo, que por su gran misericordia y mediante la resurrección de Jesucristo nos ha hecho nacer de nuevo a una esperanza viva, para que recibamos una herencia incorruptible, incontaminada e imperecedera.

Esta herencia les está reservada en los cielos a ustedes, que por medio de la fe son protegidos por el poder de Dios, para que alcancen la salvación, lista ya para manifestarse cuando llegue el momento final" (1 P 1:3-5); "Miren cuánto nos ama el Padre, que nos ha concedido ser llamados hijos de Dios. Y lo somos. El mundo no nos conoce, porque no lo conoció a él. Amados, ahora somos hijos de Dios, y aún no se ha manifestado lo que hemos de ser. Pero sabemos que, cuando él se manifieste, seremos semejantes a él porque lo veremos tal como él es" (1 Jn 3:1-2).

En cuanto a los impíos y diablos, el artículo declara que Cristo los condenará a tormentos sin fin. Esto expone qué tipo de sentencia Cristo, el juez, pronunciará contra ellos en el día del juicio, y todo esto se armoniza con el cuadro que Cristo mismo pinta en Mt 25:41 donde dice: "...¡Apártense de mí, malditos! ¡Vayan al fuego eterno, preparado para el diablo y sus ángeles!" El v 46 positivamente dice que estos sufrimientos durarán por toda la eternidad. Aquí el Señor mismo coloca paralelos a la duración del castigo de los impíos y la duración de la vida de los piadosos. Otros textos bíblicos que confirman esta verdad son; "...entre llamas de fuego, para darles su merecido a los que no conocieron a Dios ni obedecen al evangelio de nuestro Señor Jesucristo. Éstos sufrirán el castigo de la destrucción eterna, y serán excluidos de la presencia del Señor y de la gloria de su poder" (2 Ts 1:8-9); "Pero los cobardes, los incrédulos, los abominables, los homicidas, los que incurren en inmoralidad sexual, los hechiceros, los idólatras y todos los mentirosos tendrán su parte en el lago que arde con fuego y azufre, que es la muerte segunda" (Ap 21:8).

Las condenaciones

En primer lugar, condenan la secta fanática de los anabaptistas, quienes, contrarios a la enseñanza de la Palabra de Dios, niegan que los tormentos de los impíos continúen para siempre. Que el castigo de los impíos es también eterno como la vida de los piadosos es eterna ya hemos demostrado. Ver el texto: "El humo de su tormento subirá por los siglos de los siglos, pues ni de día ni de noche tendrán reposo los que adoren a la bestia y a su imagen, ni nadie que acepte llevar la marca de su nombre" (Ap 14:11).

En segundo lugar, condenan todas las enseñanzas del tipo milenario. Se lo expresa de esta manera: "Condenamos también a los que ahora propagan las opiniones judaicas de que antes de la resurrección de los muertos, después que los impíos hayan sido suprimidos en todas partes, los buenos ocuparán el reino del mundo." Todo género de enseñanza milenaria queda rechazado por estas palabras. Dice que estas enseñanzas son "opiniones judaicas" porque expresan precisamente la idea de los judíos con respecto al reino del Mesías; idea que los condujo a rechazar a Jesucristo por no cumplir sus planes. No importa si el reino milenario queda designado para el período antes de la resurrección de los muertos, como algunos hacen, o si dividen la resurrección en dos, colocando el reino milenario en medio, como hacen otros, o si el reino milenario debía seguir después de la resurrección como mantienen todavía otros. Sean lo que fueren estas teorías, todas pasan por alto el carácter espiritual de la Iglesia como reino que no es de este mundo, y todas contradicen las Escrituras y merecen ser condenadas.

Artículo 18

DEL LIBRE ALBEDRÍO

Del libre albedrío nuestras iglesias enseñan que la voluntad humana tiene alguna libertad para practicar cierta honestidad civil y elegir en las cosas sujetas a la razón. Pero no puede, sin el Espíritu Santo, agradar a Dios, o sea, realizar la justicia espiritual; pues el hombre natural no percibe las cosas que son del Espíritu de Dios (1 Co 2:14). Mas esta justicia tiene lugar en los corazones, cuando el Espíritu Santo es recibido por la Palabra. Esto mismo lo dice Agustín[21] con estas palabras en el libro tercero de su Hipognosticón:[22] "Confesamos que en todos los hombres hay un libre albedrío el cual tiene el sentido de la razón; no porque sea apto, sin Dios, para empezar o concluir alguna cosa perteneciente a Dios, sino que solamente lo es en las obras de esta vida presente, sean buenas o sean malas. Buenas digo a las que nacen de lo bueno en la naturaleza, a saber: querer trabajar en el campo, querer comer y beber; querer tener amigo; querer vestirse; querer levantar casa; querer casarse; querer formar hacienda; querer aprender varios artes útiles o cualquier cosa buena perteneciente a esta vida. Pues todas estas cosas no subsisten sin la providencia de Dios, antes bien de Dios y por Dios son y tienen su principio. Malas llamo a obras como querer adorar un ídolo, querer matar, etc."

Los nuestros condenan a los pelagianos y a otros, que enseñan que, sin el Espíritu Santo y por medios naturales, podemos amar a Dios en lo que se refiere a la substancia del acto. Pues aunque la naturaleza puede, de alguna manera hacer las obras externas —puede cohibir sus manos

---

21 San Agustín, 354-430, fue obispo de Hippo Regio, norte de África. Escribió las Confesiones.

22 Hipognosticón, no escrito por Agustín, sino como se opina, por Mario Mercator, historiador eclesiástico latín, para combatir la herejía de Pelagio. Agustín cita la obra de Mercator.

del hurto y del homicidio— no puede, sin embargo, producir los movimientos interiores, como el temor de Dios, confianza en Dios, castidad, paciencia, etc.

Exposición del Dr. Little

Se introdujo este artículo para que la salvación del hombre sea atribuida sola y exclusivamente a la gracia de Dios. Los romanistas, en su confutación, no solamente dejaron de objetarlo, sino que declararon expresamente: "Esta confesión es correcta y aceptada". Pero, algunas citas incluidas en su contestación demuestran que no aceptaron completamente la posición aquí presentada. Dividimos nuestro estudio del artículo en las siguientes partes: 1) Los poderes que quedan en la voluntad del hombre después de la caída; 2) Los poderes perdidos por la voluntad humana desde la caída; 3) Las condenaciones de los pelagianos y otros.

Los poderes que quedan en la voluntad

El artículo empieza con las palabras: "Del libre albedrío nuestras iglesias enseñan que la voluntad humana tiene alguna libertad para practicar cierta honestidad civil y elegir las cosas sujetas a la razón". Esto quiere decir que el hombre no perdió ninguna de las facultades que le son esencialmente necesarias para ser un ser humano, sino que perdió solamente aquello que le hizo imagen moral de Dios. Desde la caída, el hombre todavía tiene una voluntad, que se manifiesta en la capacidad de poder elegir entre cosas terrenales. Pero en su condición de hombre perdido, esta libertad tiene límites. La caída del hombre es una caída desde "la libertad gloriosa de los hijos de Dios" hasta en la esclavitud, esclavitud sujeta a Satanás y al pecado. Solamente dentro de los límites de esta esclavitud tiene la voluntad humana todavía cierta medida de libertad. Esta libertad es solamente una libertad de elegir entre las cosas sujetas a la razón. Puede extenderse hasta incluir cierta justicia y moral cívicas, pero es solamente producto del juicio natural y privado del hombre y muchas veces derivado de sus propósitos egoístas. No es motivada por un conocimiento de la verdad ni por el amor hacia Dios y a la justicia. El hombre puede, por sus propios poderes naturales, alcanzar cierta justicia externa y puede elegir el hacer cosas de acuerdo con los requisitos de los diez mandamientos, en cuanto se refiere a su obediencia externa. Puede, por ejemplo, evitar el matar, cometer adulterio, robar, y cosas semejantes, pero toda esta justicia es ilusoria si por ella cree que está cumpliendo la voluntad de Dios. Esta justicia no es la justicia que Dios requiere. Ni le es acepta, ni tampoco tiene valor en el reino de Dios. Se aparta completamente del objetivo indicado por Cristo, al dar este resumen de la Ley: "Amarás al Señor tu Dios con todo tu corazón, y con toda tu alma, y con toda tu mente." Éste es el primero y más importante mandamiento. Y el segundo es semejante al primero: "Amarás a tu prójimo como a ti mismo" (Mt 22:37-39). San Pablo expresa el mismo pensamiento en Ro 13:10 "El amor no hace daño a nadie. De modo que el amor es el cumplimiento de la ley." La libertad de la voluntad natural es libertad solamente en las cosas externas, o sea, una libertad para elegir entre varios tipos del mal. Aun en este caso, la voluntad natural no tiene una libertad completa y sin límites, sino solamente "alguna libertad". El hombre natural está bajo la Providencia de Dios, y Dios no permite que la intención mala se traduzca siempre en hechos, sino que, muchas veces, interviene de tal manera que el intento de la voluntad del malo fracasa.

Poderes perdidos por la voluntad

Aparte de la obra del Espíritu Santo, la voluntad natural del hombre no tiene poder de ninguna índole para obrar la justicia que vale delante de Dios, o sea la justicia espiritual. Esto se ve claramente del texto 1 Co 2:14: "Pero el hombre natural no percibe las cosas que son del Espíritu de Dios, porque para él son una locura; y tampoco las puede entender, porque tienen que discernirse espiritualmente." Corroboran esto las palabras de Ro 8:7: "Las intenciones de la carne llevan a la enemistad contra Dios; porque no se sujetan a la ley de Dios, ni tampoco pueden." Se niega a la voluntad natural la capacidad de obrar justicia espiritual, pues es prerrogativa exclusiva del Espíritu Santo el efectuar esta justicia. Ni aún los creyentes verdaderos tienen asegurada su salvación en base a su propia justicia u obras buenas; mas ellos tienen paz de mente y corazón a merced de la remisión de pecados apropiada por la fe en Cristo, y esta fe es también obra del Espíritu Santo por medio de la Palabra. Consulta los siguientes textos: "Pero Dios muestra su amor por nosotros en que, cuando aún éramos pecadores, Cristo murió por nosotros. Con mucha más razón, ahora que ya hemos sido justificados en su sangre, seremos salvados del castigo por medio de él" (Ro 5:8-9); "Pero nosotros predicamos a Cristo crucificado, que para los judíos es ciertamente un tropezadero, y para los no judíos una locura, pero para los llamados, tanto judíos como griegos, Cristo es poder de Dios, y sabiduría de Dios" (1 Co 1:23-24); "Ciertamente la gracia de Dios los ha salvado por medio de la fe. Ésta no nació de ustedes, sino que es un don de Dios" (Ef 2:8); "A ustedes, él les dio vida cuando aún estaban muertos en sus delitos y pecados" (Ef 2:1); "Pero

Dios, cuya misericordia es abundante, por el gran amor con que nos amó, nos dio vida junto con Cristo, aun cuando estábamos muertos en nuestros pecados (la gracia de Dios los ha salvado)" (Ef 2:4-5); "Y les dijo: 'Así está escrito, y así era necesario, que el Cristo padeciera y resucitara de los muertos al tercer día, y que en su nombre se predicara el arrepentimiento y el perdón de pecados en todas las naciones, comenzando por Jerusalén'" (Lc 24:46-47).

Las condenaciones

En primer lugar, condenan a los pelagianos, una secta del siglo quinto, que magnificó tanto los poderes de la voluntad del hombre que no quedaba lugar para la operación de la gracia de Dios. Según el punto de vista de ellos, todo lo que precisaba el hombre para guardar los mandamientos de Dios y obtener la salvación era una educación adecuada. Cuando el artículo condena también a "los otros", se incluye a los católico-romanos, que, en verdad, son semipelagianos y enseñan que el hombre por sus propios poderes naturales puede iniciar su conversión, aunque necesita de la gracia divina para completarla. Esta condenación, por supuesto, incluye también a los sinergistas, que mantienen que el hombre puede cooperar en su conversión, o sea, que el hombre puede convertirse a sí mismo, ayudado por el Espíritu Santo.

Artículo 19

DE LA CAUSA DEL PECADO

De la causa del pecado enseñamos que, aunque Dios crea y conserva la naturaleza, sin embargo, la causa del pecado reside en la voluntad desordenada de los malos, esto es, del diablo y de los impíos; la cual, privada de la ayuda de Dios, se aparta de Dios, como dice Cristo, Juan 8:44: "Cuando habla mentira, habla de lo que le es propio."

Exposición del Dr. Little

Se introdujo este artículo cuando los anabaptistas dijeron que los luteranos hacen a Dios culpable del pecado. Siendo que los católicos también participaban en hacer esta acusación, los confesores consideraron necesario refutarla. El artículo se divide en dos partes: 1) la negativa: Dios no es la causa del pecado; y 2) la positiva, la causa del pecado está en la voluntad de los impíos.

La parte negativa

Se puede indicar de paso que en este artículo Dios queda presentado como de Creador y Conservador de toda la naturaleza. Esta verdad queda establecida en los textos bíblicos, como Gn 1:1; Jn 1:1-3; Heb 1:3. Pero no es el propósito de este artículo enseñar esta verdad solamente. La idea es la de separar de allí el concepto de que Dios sea el Creador o autor del pecado. Siendo que Dios crea y preserva la naturaleza humana perversa, la cuestión se presenta: ¿No crea y preserva Dios asimismo el pecado? Para contestar esta pregunta, hay que hacer notar que el pecado y la naturaleza humana, no son una y la misma cosa. Dios, en verdad, preserva la naturaleza humana, o sea la persona, aun en su condición de pecador. Pero esto no quiere decir que Dios preserva el pecado, o lo desee, o lo apruebe, o de manera alguna lo proyecte. El pecado no es una entidad, un objeto, una cosa, sino que es un defecto en una cosa. Como es imposible identificar la enfermedad que aflige el cuerpo humano con el hombre mismo, así es imposible identificar el pecado con la naturaleza humana.

Dios no quiere aniquilar al hombre a causa del pecado. La bondad y misericordia de Dios, lo conmovieron a conservar a la creatura caída en el pecado, con el propósito, en el caso del hombre, de restaurarlo por medio del Salvador, a quién, según sus decretos eternos, había nombrado para rescatar a la humanidad. El mismo Dios que creó al hombre, sabiendo perfectamente que éste iba a pecar, lo preserva hasta el día de hoy para que fuera el objeto de su gracia salvadora.

Dios no puede ser la causa del pecado porque el pecado es la transgresión de su santa voluntad expresada en la Ley: "Éste es el mensaje que hemos oído de él, y que les anunciamos a ustedes: Dios es luz, y en él no hay tiniebla alguna" (1 Jn 1:5); "Porque todo el que ha nacido de Dios vence al mundo. Y ésta es la victoria que ha vencido al mundo: nuestra fe" (1 Jn 5:4). Dios no puede obrar en contra de sí mismo, y, por lo tanto, no es la causa del pecado; por el contrario, usa su Sabiduría y Poder infinitos para salvar al hombre del pecado y de las consecuencias del pecado.

La parte positiva

El artículo dice enfáticamente que la causa del pecado es "la voluntad desordenada de los males, esto es, del diablo y de los impíos". Era la tentación del diablo la que trajo la caída del hombre en pecado. Después de esto, el hombre mismo llegó a ser causa del pecado. Cómo el diablo concibió el pecado dentro de sí, aparte de, tentación externa alguna, en otras palabras, cómo se originó el pecado en un ser que antes era positivamente bueno, es y queda un misterio sin solución. El artículo no trata de resolver este misterio, sino que tiene como objeto único el absolver a Dios de toda responsabilidad del mal. El hombre fue creado con una naturaleza que podía recibir impresiones desde afuera, impresiones buenas y también malas. No había imperfecciones en el hombre, tampoco era pecador; pero llegó a ser pecador cuando el Tentador desvió su voluntad hacia el mal. En el caso de Adán, el progenitor de la raza humana, el hombre se rindió a las tentaciones de Satanás y produjo una raza de hombres impíos, cuya voluntad, por naturaleza, está en oposición contra Dios y contra todo lo que Dios quiere. Para prevenir cualquiera idea de que Dios, en sentido alguno, era el instigador del pecado, el artículo agrega: "la cual (voluntad), privada de la ayuda de Dios, se aparta de Dios".

Dios, entonces, conserva la raza humana, no porque apruebe y permita el pecado, sino porque quiere salvar a los pecadores de sus pecados y de todas las consecuencias terribles que el pecado acarrea.

Artículo 20

DE LAS BUENAS OBRAS

Falsamente acusan a nuestras iglesias de prohibir las buenas obras. Muy al contrario, sus escritos publicados sobre los Diez Mandamientos y otros de tendencia semejante dan testimonio de que han enseñado útilmente con respecto a todos los estados en la vida y qué obras, en cada estado, agradan a Dios. De estas cosas, los predicadores de antaño enseñaban muy poco, urgiendo solamente las obras pueriles e innecesarias, como ciertas fiestas, ayunos especiales, fraternidades, peregrinaciones, el culto de los santos, rezar el rosario, el monacato y cosas semejantes. Habiendo sido advertidos, nuestros adversarios han dejado de lado esas cosas ahora, y ya no predican tales obras inútiles como lo hacían antes. Comienzan además a mencionar la fe, con respecto a la cual antes guardaban un silencio extraño. No enseñan, ahora, que somos justificados por las obras solas, sino que unen las obras y la fe, diciendo que somos justificados por la fe y las obras. Esta doctrina es más tolerante que la anterior y puede proporcionar más consuelo que su antigua doctrina.

Puesto que la doctrina de la fe, que debe ser la doctrina principal en la Iglesia, ha permanecido por tanto tiempo desconocida, como todos tienen que admitir, ya que en sus sermones hubo siempre el silencio más profundo con respecto a la justicia de la fe, a la vez que exponían solamente la doctrina de las obras en las iglesias los nuestros enseñaron en las iglesias lo siguiente con relación a la fe. Primeramente, que nuestras obras no pueden reconciliar a Dios con nosotros ni merecer la remisión de los pecados, la gracia y la justificación, sino que conseguimos esto solamente por la fe, creyendo que, por causa de Cristo, somos recibidos en la gracia y que solamente Cristo fue puesto por Mediador y Propiciación, por quien el Padre se reconcilió con nosotros. Cualquiera, pues, que confía merecer la gracia por las obras, desprecia el mérito y la gracia de Cristo, y busca el camino hacia Dios fuera de Cristo y por las fuerzas humanas, contra lo que Cristo dijo de sí mismo: "Yo soy el camino, y la verdad, y la vida" (Jn 14:6).

Esta doctrina de le fe es enseñada en todas partes por San Pablo. Escribe a los Efesios: "Ciertamente la gracia de Dios los ha salvado por medio de la fe. Ésta no nació de ustedes, sino que es un don de Dios" (Ef 2:8).

Para que nadie diga astutamente que nosotros hemos inventado una nueva interpretación de Pablo, toda esta materia tiene en su favor los testimonios de los Padres. Agustín, en muchos volúmenes, defiende la gracia, y la justicia de la fe, contra los méritos de las obras. De la misma manera enseña Ambrosio en su obra De Vocatione Gentium, y en otras. Pues así dice en el tratado De Vocatione Gentium: "La redención por la sangre de Cristo perdería su valor, y la preeminencia de las obras humanas reemplazaría la misericordia de Dios, si la justificación, que es obra de la gracia, se debiera a los méritos precedentes, de modo que ya no fuera don del que da, sino mérito del que hace obras."

Aunque esta doctrina sea despreciada por los que no han sido puestos a prueba, sin embargo, las conciencias tímidas y perturbadas saben por experiencia que produce el mayor consuelo; pues las conciencias no pueden ser tranquilizadas por ninguna obra, sino solamente por la fe, el persuadirse con seguridad de que, por causa de Cristo, están reconciliados con Dios, como enseña San Pablo a los Romanos "Así, pues, justificados por la fe tenemos paz con Dios por medio de nuestro Señor Jesucristo" (Ro 5:1). Toda esta doctrina hace referencia a la lucha de la conciencia intranquila, y fuera de esta lucha no tiene explicación. Por tanto, juzgan mal de esta materia los hombres sin experiencia y profanos, que sueñan que la justicia cristiana no es más que la justicia civil y filosófica.

Antes, las conciencias fueron atormentadas con la doctrina de las obras y no oyeron el consuelo del Evangelio. La conciencia ahuyentó a algunos al desierto, al monasterio, con la esperanza de merecer allí la gracia por su vida monástica. Otros concibieron obras diversas para merecer la gracia y hacer satisfacción por los pecados. Por tanto, es sumamente necesario presentar y renovar esta doctrina de la fe en Cristo, a fin de que las conciencias atormentadas no queden sin consuelo, sino que sepan que obtenemos la gracia y la remisión de los pecados y la justificación por la fe en Cristo.

Se advierte también a los hombres que, aquí, la palabra fe no significa solamente el conocimiento histórico, que tienen los impíos y los diablos, sino que indica aquella fe que cree no solamente la historia, sino también el efecto de la historia, es decir, este artículo: remisión de los pecados, o sea, que por Cristo tenemos la gracia, la justicia y la remisión de los pecados.

Ahora, el que sabe que en Cristo tiene un Padre propicio, éste conoce verdaderamente a Dios, sabe que Dios cuida de él, invoca a Dios; en suma, no está sin Dios, como los gentiles. Pues los diablos y los impíos no pueden creer este artículo de la remisión de los pecados. Por esto aborrecen a Dios como enemigo, no le invocan, ni esperan nada bueno de él. Agustín también amonesta a sus lectores con respecto a la palabra fe, y enseña que en las Escrituras la palabra fe no significa el conocimiento, tal como existe en los impíos, sino la confianza, que consuela y alienta al espíritu aterrorizado.

Los nuestros enseñan, además, que es necesario hacer buenas obras, no porque confiemos merecer la gracia por ellas, sino porque es la voluntad de Dios. Solamente por la fe se obtiene remisión de los pecados, y esto gratuitamente. Y como por la fe se recibe el Espíritu Santo, también los corazones son renovados y dotados de nuevos afectos, para poder producir buenas obras. Así dice Ambrosio: "La fe es la madre de la buena voluntad y de las buenas acciones". Pues las fuerzas humanas, sin el Espíritu Santo, están llenas de afectos impíos y son demasiado débiles para poder hacer buenas obras delante de Dios. Además están bajo el poder del diablo, el cual impele a los hombres diversos pecados, a opiniones impías, a delitos manifiestos. Eso puede verse en los filósofos, los cuales, aunque intentaron vivir honestamente, no pudieron lograrlo, sino que se mancharon con muchos delitos manifiestos. Tal es la debilidad del hombre, cuando no tiene la fe y el Espíritu Santo, y se gobierna solo por las fuerzas humanas. De aquí se deduce fácilmente que esta doctrina, lejos de merecer la acusación de que prohíbe las buenas obras, más bien debe ser ensalzaba, porque señala cómo podemos hacer las buenas obras. Pues, sin la fe, la naturaleza humana no puede de manera alguna hacer las obras no del Primer ni del Segundo Mandamiento. Sin la fe, no invoca a Dios, nada espera de Dios, no lleva la cruz; sino que busca apoyos humanos y en ellos confía; así que, cuando no existe la fe y la confianza en Dios, reinan en el corazón todas las concupiscencias e inclinaciones humanas. Por esto dijo Cristo: "Separados de mí ustedes nada pueden hacer" (Jn 15:5). Y la Iglesia canta: Sin tu poder divino; nada hay en el hombre, nada inocente.

Exposición del Dr. Little

Este artículo, que es más largo y argumentador, se originó merced a la disputa de que la doctrina luterana de la justificación por la fe sola, impedía el hacer buenas obras. Los confutadores católico-romanos objetaron severamente la declaración de que las buenas obras no merecen el perdón de los pecados. Para apoyar su objeción, citan los libros apócrifos y los libros canónicos donde se exhorta hacer buenas obras, y, además, declaran que esta opinión (luterana) con respecto a las buenas obras fue rechazada y condenada ya hace mil años, o sea, en los días de San Agustín. El artículo presenta: 1) Refutación de la aserción de que los luteranos prohíben las buenas obras; 2) Crítica de la doctrina católico-romana por ser ésta falsa y perniciosa; 3) Afirmación de la verdad, la necesidad y la seguridad de la doctrina luterana.

La refutación

Desde el principio se declara que la acusación romana contra los luteranos es acusación falsa. Se destaca que esta acusación queda refutada por los escritos de los reformadores sobre los diez mandamientos y temas relacionados, que atestiguan contra la acusación, y demuestran que los luteranos "han enseñado útilmente con respecto a todos los estados en la vida y qué obras en cada estado agradan a Dios". Además, se afirma que tan eficazmente se realizó esto, que en lugar de prohibir o desanimar en el hacer buenas obras, los reformadores han fomentado él hacerlas, y esto no sola mente entre los suyos, sino también entre los seguidores de los adversarios. Como prueba de esto, se presenta el hecho de que, anteriormente, los predicadores enseñaban poco o nada sobre las verdaderas obras buenas y exigían la observación de cosas inútiles y frívolas, como, por ejemplo, los días de fiesta, los ayunos, peregrinajes, rosarios, adoración de santos y cosas semejantes, pero que, ahora, desaprenden estas cosas y empiezan a hacer mención de la fe, sobre la cual habían guardado silencio por largo tiempo. Y esta influencia se ha extendido tanto entre ellos que, ahora, tratan de combinar la fe y las obras y en lugar de enseñar la justificación por las obras solas, ahora enseñan la justificación por la fe y las obras, doctrina que es más consoladora y permisible, aunque carece todavía de mucho de lo que debe contener.

La crítica

Se critica la doctrina católico-romana por ser falsa y perniciosa. En primer lugar, es falsa porque contradice las palabras de Cristo: "Yo soy el camino, y la verdad y la vida" (Jn 14:6). Es doctrina perniciosa además porque es un reproche a Cristo, el único mediador. "Cualquiera, pues, que confía merecer la gracia por las obras, desprecia el mérito y la gracia de Cristo." Es despreciar a Cristo, cuando imaginamos que, por nuestras propias obras, podemos reconciliarnos con Dios o merecer la remisión de pecados, la gracia y la justificación. También contradice a Juan 15:5 que enseña expresamente que, sin la fe en Cristo, el hombre es demasiado débil para hacer algo que agrade a Dios.

Además es perniciosa la doctrina de Roma, porque deja la conciencia afligida sin consuelo y paz. Los hombres jamás deben ni pueden saber, si habrán hecho lo suficiente según los requisitos divinos, de lo cual depende su justificación y salvación. También queda indicado aquí, que, en el sistema romano, hay una concepción errónea de la fe; porque la fe no es el mero conocimiento histórico, como sostienen, sino que es el efecto de la historia, el efecto del artículo del perdón de los pecados, es decir, que en Cristo tenemos gracia, justicia y remisión de los pecados. Como resultado de su doctrina errónea, afirma el artículo, algunos por razones de conciencia se fueron a los monasterios y en el desierto, esperando obtener gracia por medio de una vida monástica. Otros fueron movidos a inventar obras para alcanzar el mismo objeto. Por todos lados las conciencias quedaron perplejas y agobiadas. Y hasta el día de hoy, esta mezcla católico-romana de obras y fe hace de su religión una religión de dudas, y hace que sus teólogos enseñen que nadie puede estar absolutamente seguro de su salvación, a no ser que reciba una revelación, a tal afecto, directamente del cielo. Semejante religión no da consuelo a los corazones y a las almas afligidas.

Afirmación

El artículo afirma que la doctrina luterana es verdadera, necesaria y segura. Es verdadera, porque es la doctrina enseñada en el Evangelio. "Pero a todos los que la recibieron, a los que creen en su nombre, les dio la potestad de ser hechos hijos de Dios" (Jn 1:12); "Acerca de él dicen los profetas que todos los que crean en su nombre recibirán el perdón de sus pecados" (Hch 10:43); "Ellos le dijeron: 'Cree en el Señor Jesucristo, y se salvarán tú y tu familia'" (Hch 16:31); "Ciertamente la gracia de Dios los ha salvado por medio de la fe. Ésta no nació de ustedes, sino que es un don de Dios; ni es resultado de las obras, para que nadie se vanaglorie"

(Ef 2:8-9). Se pueden agregar otros textos, pero con estos alcanza. Además demuestra el artículo que esta no es doctrina nueva de que jamás se había oído, sino que es la misma doctrina sostenida por los padres de la Iglesia, por ejemplo: Agustín y Ambrosio.

La doctrina luterana también es necesaria porque la fe es cosa fundamental, ya que es el único camino a la salvación. Las Escrituras enseñan claramente que sólo el que cree se salva. Vea los siguientes textos: "Sin fe es imposible agradar a Dios, porque es necesario que el que se acerca a Dios crea que él existe, y que sabe recompensar a quienes lo buscan" (Heb 11:6); "Y es evidente que por la ley ninguno se justifica para con Dios, porque 'El justo por la fe vivirá'" (Gl 3:11). La doctrina luterana también es necesaria, porque trae paz y consuelo a las conciencias afligidas. San Pablo dice: "Así, pues, justificados por la fe tenemos paz con Dios por medio de nuestro Señor Jesucristo" (Ro 5:1). Finalmente, es necesaria; porque, ante Dios, necesitamos una justicia perfecta, y ésta no se nos da de ninguna otra manera, sino por la obediencia perfecta de Jesucristo, imputada a nosotros por medio de la fe. Esta obediencia así imputada a nosotros es tan verdadera y tan completamente nuestra como si nosotros mismos la hubiéramos realizado. Esta es nuestra ropa de justicia, o sea, la prenda de nuestra salvación.

La doctrina luterana también es segura porque nos enseña que no debemos confiar en nuestras propias obras buenas, ni tratar de merecer gracia por medio de ellas, sino que debemos hacer las buenas obras en gratitud por la gracia de Dios, dada a nosotros liberalmente en Cristo Jesús, nuestro Señor, y así, honrar y glorificar su santo nombre. También es segura, porque mantiene el debido sentido de lo que es la fe, o sea, la confianza en Cristo Jesús: por él tenemos el perdón de los pecados, vida y salvación como don gratuito de Dios.

Esta doctrina, lejos de prohibir las buenas obras, en verdad, provee el poder motivador necesario para hacerlas. La fe no anula ni invalida la ley, sino que la establece por apropiar la justicia perfecta que Dios exige. Las buenas obras son necesarias; pero no son necesarias para la justificación, pues ésta es don de Dios, sino son necesarias según el mandato y voluntad de Dios. El creyente, cual hijo de Dios, reconoce su obligación, y mediante el Espíritu Santo que obra tanto el querer como el hacer el beneplácito de Dios, este hijo adoptivo busca hacer la voluntad divina, acordándose siempre de las palabras de San Pablo: "...quien se dio a sí mismo por nosotros para redimirnos de toda iniquidad y purificar para sí un pueblo propio, celoso de buenas obras" (Tit 2:14).

Artículo 21

DEL CULTO DE LOS SANTOS

Del culto de los santos, nuestras iglesias enseñan que puede proponérsenos la memoria de los santos para que imitemos su fe y las buenas obras según nuestra vocación; como el emperador puede imitar el ejemplo de David, haciendo la guerra para echar a los turcos[23] del país; pues ambos son reyes. Pero las Escrituras no enseñan la invocación de los santos, o implorar auxilio de ellos; pues nos indican a sólo Cristo como Mediador, Propiciador, Pontífice e Intercesor. Él debe ser invocado, y ha prometido oír nuestras oraciones, y aprueba, sobre todo, este culto, a saber, que él sea invocado en todas aflicciones: "Si alguno ha pecado, tenemos un abogado ante el Padre, a Jesucristo el justo" (1 Jn 2:1).

Ésta es casi la suma de nuestra doctrina, en la cual, como puede verse, no hay nada que esté en desacuerdo con las Escrituras, o con la Iglesia cristiana universal, o aún con la Iglesia Católica Romana, tal como se la conoce por sus escritores. Siendo esto así, juzgan con severidad todos aquellos que insisten en que los nuestros sean tenidos por herejes. Pero hay desacuerdo con respecto a algunos abusos, que han sido introducidos en la Iglesia sin autoridad legítima; mas también en éstos, aunque hubiera alguna falta de conformidad, debiera existir en los obispos tal bondad que toleraran a los nuestros por causa de la confesión, como la hemos reseñado; porque ni aún los cánones[24] son tan rígidos que exijan los mismos ritos en todas partes, ni jamás los ritos han sido iguales en todas las iglesias; aunque es cierto que entre nosotros los antiguos ritos se observan diligentemente en una gran parte. Es, pues, una imputación calumniosa y falsa que todas las ceremonias, todas las instituciones antiguas hayan sido abolidas en nuestras iglesias. Mas era queja pública que en los ritos ordinarios se habían introducido algunos abusos. No pudiendo ser éstos aprobados en buena conciencia, son en parte corregidos.

---

23 Los turcos durante muchos años amenazaron con invasión, y efectivamente invadieron, la Europa, tratando de someterla al mahometismo.

24 Los cánones son preceptos de la Iglesia Católica Romana, componiéndose principalmente de decisiones de los concilios y decretos papales.

Exposición del Dr. Little

Ya que este artículo trata de uno de los mayores abusos introducidos en la Iglesia Católica Romana, podría haber sido colocado en la segunda parte de la Confesión de Augsburgo, donde con mayor atención se trata la cuestión de los abusos, pero merced al hecho de que el artículo destaca a Jesús como único Mediador, fue considerado bien incluirlo entre los artículos doctrinales. Los confutadores católico-romanos rechazaron todo el artículo por haber sido condenado ya muchas veces en tiempos pasados en la iglesia romana y por ser contrario a la enseñanza de los padres y de la Iglesia universal. Arguyen a favor de la invocación de los santos, basándose en escritos apócrifos y en algunos textos de los libros canónicos, e interpretan estos textos de tal manera que apoyan la intercesión de los santos. Dividimos el artículo en dos partes:

1) Aprobación de la veneración verdadera de los santos; y
2) Refutación de la veneración falsa de los santos.

La veneración verdadera

Los confesores no tenían ninguna intención de repudiar todo honor a los santos. Sabían que a los verdaderos santos se debe honor y respecto. Melanchton en la Apología dice: "Nuestra Confesión aprueba honores a los santos. Porque aquí ha de ser aprobado un honor triple. Primeramente hay acción de gracias. Pues debemos dar gracias a Dios porque ha demostrado ejemplos de misericordia; porque ha demostrado que él quiere salvar a los hombres; porque él ha dado maestros y otros dones a la Iglesia... El segundo servicio es el fortalecimiento de nuestra fe: cuándo vemos que la negación de Pedro fue perdonada somos también animados a creer aún más que la gracia verdaderamente sobreabunda al pecado (Ro 5:20). El tercer honor es la imitación, en primer lugar de la fe, luego de las otras virtudes que cada uno debe imitar según su oficio. Los adversarios no exigen estos honores verdaderos. Ellos disputan solamente sobre la "invocación". El artículo dice expresamente: "Puede proponérsenos la memoria de los santos para que imitemos su fe y las buenas obras según nuestra vocación". Pero estos santos tienen que ser verdaderos, o sea, realmente santos. No se puede aceptar el juicio del papa quien canoniza a santos para atestiguar la santidad superior de estos y su poder de obrar milagros. Esa santidad derivada de las propias obras de justicia identifica a los santos ficticios. Los verdaderos santos se reconocen a sí mismos como miserables pecadores salvados por la gracia, por medio de la fe en Jesucristo su Señor. No hay que rehusar el verdadero honor a los santos muertos o verdaderos santos, cuyas vidas aquí en la tierra eran ejemplos de su verdadera fe en

Jesucristo, su Señor. Esto concuerda completamente con las Escrituras (Heb 13:7-8). Esta veneración ha de ser rendida alegremente.

La veneración falsa

Mientras que los santos deben ser honrados debidamente por su lealtad en el servicio al Señor, esto no quiere decir que ellos tengan algún mérito ante Dios que les dé entrada al cielo, o que nosotros debamos invocarlos en nuestras luchas aquí en la tierra. Nosotros, en verdad, debemos tener grata memoria de ellos y seguir en pos de su fe. Pero, siempre debemos "mirar", no a ellos, sino a Jesús. "Fijemos la mirada en Jesús, el autor y consumador de la fe, quien por el gozo que le esperaba sufrió la cruz y menospreció el oprobio, y se sentó a la derecha del trono de Dios" (Heb 12:2).

La perversión romana, a saber, la invocación a los santos y el pedir su ayuda, también debe ser rechazada porque deroga a Cristo, que es nuestro único mediador, propiciación, sumo sacerdote e intercesor. Cuando alguien invoca a los santos buscando su ayuda, lo hace bajo la falsa suposición de que ellos son más accesibles, más tiernos, y que es más probable que ellos oigan y atiendan a nuestros ruegos que Jesús mismo, quien se dio a sí mismo por nosotros y es más pronto para oírnos que nosotros para pedirle. Esa idea también atribuye a los santos una omnipresencia que solamente Dios tiene. Contradice explícitamente a aquellos textos de las Escrituras que conducen al pecador hacia Cristo mismo: "Hijitos míos, les escribo estas cosas para que no pequen. Si alguno ha pecado, tenemos un abogado ante el Padre, a Jesucristo el justo" (1 Jn 2:1).

Las Escrituras no autorizan la invocación de los santos, tampoco hay promesa divina de que los ruegos a los santos serán atendidos. Los católico-romanos tampoco usan las Escrituras para defender su práctica; todo lo contrario, ellos se apoyan en la tradición y en el sentimiento humano. Su doctrina es doctrina humana y lleva todas las marcas de la carne. Además no deja para Cristo todo su oficio de mediador. Las Escrituras enseñan distintamente, como demuestran los siguientes textos: "Porque hay un solo Dios, y un solo mediador entre Dios y los hombres, que es Jesucristo hombre" (1 Ti 2:5); "Jesús le dijo: 'Yo soy el camino, y la verdad, y la vida; nadie viene al Padre, sino por mí'" (Jn 14:6); "Pero a todos los que la recibieron, a los que creen en su nombre, les dio la potestad de ser hechos hijos de Dios" (Jn 1:12); "El Padre ama al Hijo, y ha puesto en sus manos todas las cosas. El que cree en el Hijo tiene vida eterna, pero el que se niega a creer en el Hijo no verá la vida, sino que la ira de Dios recae sobre él" (Jn 3:35-36); "Hijitos míos, les escribo estas cosas para que no pequen. Si alguno ha pecado, tenemos un abogado ante el Padre, a Jesucristo el justo. Y él es la propiciación por nuestros pecados; y no solamente por los nuestros, sino también por los de todo el mundo" (1 Jn 2:1-2).

La invocación a las creaturas en esencia es idolatría. "Yo me postré a sus pies para adorarlo, pero él me dijo: '¡No hagas eso! Yo soy consiervo tuyo, y de tus hermanos que retienen el testimonio de Jesús. Adora a Dios. Pues el testimonio de Jesús es el espíritu de la profecía'" (Ap 19:10); "Yo, Juan, soy quien vio y oyó estas cosas. Después de verlas y oírlas, me postré a los pies del ángel que me mostraba estas cosas, para adorarlo, pero él me dijo: '¡No lo hagas! Yo soy consiervo tuyo y de tus hermanos los profetas, y de los que obedecen las palabras de este libro. ¡Tú, adora a Dios!'" (Ap 22:8-9).

Todo el sistema romano de invocar a los ángeles, a María, y a los santos, depositando la confianza en sus méritos y en el supuesto poder milagroso de las reliquias, proviene de un origen pagano y es superstición e idolatría. Esa veneración falsa deberá ser condenada constante enérgicamente con y a la luz de la palabra de Dios.

Artículos sobre abusos que han sido corregidos

Puesto que nuestras iglesias no disienten con la iglesia cristiana universal respecto a ningún artículo de la fe, sino que solamente omiten unos cuantos abusos, que son nuevos y fueron aceptados por causa de la corrupción de los tiempos y contra el intento de los cánones, rogamos que Vuestra Majestad Imperial escuche con clemencia tanto lo que ha sido corregido, como también cuáles fueron las razones por las que el pueblo no fue obligado a observar tales abusos contra su conciencia. No preste Vuestra Majestad Imperial fe a aquellos que, para excitar el odio de los hombres contra los nuestros, esparcen extrañas calumnias entre el pueblo. Habiendo de esta manera excitado las mentes de hombres buenos, dieron ocasión a esta desunión, y ahora, valiéndose de las mismas artes, se esfuerzan en acrecentar la discordia. Pues indudablemente Vuestra Majestad Imperial advertirá que la forma, tanto de la doctrina como de las ceremonias, entre nosotros no es tan intolerable como los hombres malos e impíos la representan. Además, la verdad no puede ser recogida de los rumores del pueblo o de las maledicencias de los enemigos. Pero fácilmente se puede pensar que nada contribuirá más a conservar la dignidad de las ceremonias y alentar la reverencia y la piedad en el pueblo que el observar las ceremonias rectamente en las iglesias.

Artículo 22

DE LAS DOS ESPECIES EN LA CENA DEL SEÑOR

Las dos especies[25] sacramentales se dan a los legos en la Santa Cena, porque este uso tiene el mandamiento del Señor: "Beban de ella todos" (Mt 26:27) donde Cristo manifiestamente ordena, respecto a la copa, que todos beban.

Para que nadie dijere astutamente que esto se refiere solamente a los sacerdotes, San Pablo presenta un ejemplo (1 Co 11:26), del cual se deduce con claridad que toda la congregación usaba de ambas especies. Y este uso continuó por mucho tiempo en la iglesia. No consta cuándo y por qué autoridad fue cambiado, aunque el cardenal Cusano[26] menciona el tiempo en que fue aprobado. Cipriano[27] atestigua en algunos lugares que la sangre fue dada al pueblo. Lo mismo testifica Jerónimo[28] diciendo: "Los sacerdotes administran la Santa Cena y distribuyen la sangre de Cristo al pueblo." A la verdad, el papa Gelasio manda que la Cena del Señor no sea dividida (dist. 2, De Consecratione, cap. Comperimus). Solamente la costumbre, no muy antigua, lo establece en forma distinta. Pero es evidente que una costumbre, instituida contra el mandamiento de Dios, no debe ser permitida, como atestiguan los cánones (dist. 8, cap Veritate, y los capítulos siguientes). Sin embargo, esta costumbre se ha introducido no solamente contra las Escrituras, sino también contra los antiguos cánones y contra el ejemplo de la Iglesia. Por tanto, si algunos preferían usar de ambas especies en la Cena del Señor, no deberían haber sido obligados a hacerlo en otra forma, con ofensa para sus conciencias. Y porque la división del Sacramento no concuerda con la institución de Cristo, acostumbramos omitir la procesión, la cual antes solía hacerse.

Exposición del Dr. Little

Este es el primero entre siete artículos sobre los abusos. Aquí se presentan argumentos a favor de la administración del sacramento bajo las dos

---

25 Las dos especies en la Santa Cena son el pan y el vino, como se usan en la Iglesia Luterana. Una especie es el pan solo, como se administra generalmente en las iglesias católico-romanas desde el año 1100 aproximadamente.

26 Cardenal Nicolás de Cusa, nacido el año 1401.

27 Cipriano fue obispo de Cartago, norte de África, y falleció el año 258.

28 Jerónimo nació en Estridón, entre Panonia y Dalmacia, y falleció el año 420, en Belén. Es el autor de la versión de la Biblia latina Conocida como la Vulgata.

especies. El primer argumento reza: Esta práctica está de acuerdo con la institución original y sigue el mandato de Cristo. El segundo argumento: Esta práctica era costumbre en la Iglesia Primitiva. El tercer argumento: Introducir un cambio que es contrario a los mandamientos de Dios, no debe ser aprobado.

El primer argumento

Este argumento afirma que es correcto y bueno, el repartir a los legos las dos especies (tanto el vino como el pan) del sacramento de la Santa Cena, "porque este uso tiene el mandamiento del Señor": "Beban de ella todos" (Mt 26:27). Es de la copa sola que el Señor dice esto, como en advertencia profética contra la corrupción que más tarde había de prevalecer en la Iglesia. Para prevenir la contestación ya prevista que posiblemente iban a hacer los papistas, el artículo agrega: "Para que nadie dijere astutamente que esto se refiere solamente a los sacerdotes, San Pablo presenta un ejemplo (1 Co 11:26), del cual se deduce con claridad que toda la congregación usaba de ambas especies. En este texto Pablo hace mención de ambas especies y dice expresamente que las dos han de ser usadas. Los confutadores tampoco podían negar esto; pero trataron de pasarlo por alto al insistir en que los santos de la Iglesia Primitiva comulgaron bajo una especie y que Cristo mismo, después de la resurrección, administró el sacramento bajo una especie. En prueba, citan los textos Hch 2:42; 20:7; Lc 24:30, 35. Ya que en estos textos solamente el pan queda mencionado, ellos concluyen que solamente fue administrado pan. Pero aun concediendo esta suposición, no se puede justificar la introducción de un cambio, porque la administración del sacramento se determina por lo que sucedió en su institución y no se puede negar que allí se usaron los dos elementos: pan y vino. Es práctica "anticristiana", cambia y mutila la institución del Señor.

Tampoco ayuda nada defender la innovación por medio de la doctrina de la "concomitancia", puesto que aun en el caso de que esta doctrina fuera correcta, no justificaría hacer un cambio en el sacramento que fue instituido por Cristo mismo. Si el Señor hubiera deseado que su sacramento se administrase bajo una especie, por cierto que él habría indicado esto al instituirlo.

Otro argumento presentado por los romanistas se basa en la profecía pronunciada como castigo contra los descendientes de Elí (1 S 2:36). Sin sentir vergüenza, ellos aplicaron esta profecía a los legos y dijeron: "Así nuestros legos por lo tanto también deben contentarse con una parte sacerdotal". Esta prueba carece de valor tanto como carece de valor la aplicación del texto de Mal 1:11 al sacrificio diario de la misa, que es otro argumento favorito de los romanistas usado hasta el día de hoy.

Otro argumento, de apariencia plausible, que los confutadores propusieron, era el siguiente: es posible que se derrame una gota de vino y ocasione así una profanación del sacramento. Pero el derramar una gota de la copa no sería profanación tan grande ni un acto tan malo como retener a sabiendas una parte del sacramento instituido por Cristo.

Pero el peor de los argumentos y uno que iguala al sacrilegio, es la suposición del cambio a una especie que se introdujo, sin duda, por el Espíritu Santo. Así tratan ellos, como los impíos, de justificar su desvío de la enseñanza clara de las Escrituras.

El segundo argumento

Los confesores, en segundo lugar, enseñan que la administración bajo las dos especies era costumbre en la Iglesia Primitiva. El artículo dice: "Y este uso continuó por mucho tiempo en la Iglesia." Dan prueba de esto citando a Cipriano, Jerónimo y el papa Gelasio. Además enseñan que la costumbre de administrar el sacramento bajo una especie se introdujo tan lentamente en la Iglesia que es imposible decir con exactitud cuándo se introdujo. El papa Gelasio (492-496) se oponía a la introducción de esa costumbre, considerándola un error de la secta de los maniqueos. El papa Pascual II, (113) se opuso al hecho de negar la copa a los legos, y la innovación tal vez no fue aprobada definitivamente hasta el Concilio de Constanza del año 1415. Así es que la Iglesia aprobó esa práctica muy tarde, o sea, en los tiempos previos a la Reforma.

Los confutadores mismos concedieron que la Santa Cena bajo las dos especies era la práctica primitiva en la Iglesia, pero tratan de justificar el cambio, diciendo: "Y aunque era anteriormente un asunto de libertad el usar o la una o las dos formas en la Eucaristía, sin embargo, cuando se presentó la herejía que enseñaba que las dos formas eran necesarias, la Santa Iglesia, que es dirigida por el Espíritu Santo, negó las dos formas a los legos. Porque así "la Iglesia a veces suele extinguir las herejías por medio de instituciones contrarias". El término "institución contraria" es muy propicio en este caso. La verdadera razón para introducir el cambio era la de trazar una línea demarcatoria entre el clero y los legos y así dar superioridad al sacerdocio, cosa que los confutadores pasan por alto silenciosamente.

El tercer argumento

El tercer argumento de la confesión es este: una costumbre introducida en la Iglesia contra el mandato de Dios no ha de ser recibida. Es una verdad tan sencilla que no necesita discutirse. Aquí se ha de seguir el ejemplo y la enseñanza apostólicos: "Mejor es obedecer a Dios que a los hombres". Es el espíritu del anticristo cuando el papa presume oponerse a Cristo y cambiar lo que éste había entregado a su Iglesia. No importa cuál fuera la razón presentada para administrar la Santa Cena bajo una especie; el hecho es que esa práctica no está de acuerdo con la institución del Señor. Por lo tanto, el que recibe a Jesús por medio de la fe, como su Señor, aquel no puede aceptar esa práctica contraria. Ese error de los romanistas condujo a otros errores, o, por lo menos, estableció otros errores relacionados con su doctrina del Sacramento. Por ejemplo, la doctrina de la transubstanciación, la adoración de la hostia, el sacrificio de la misa, y la introducción de misas privadas. Esta cuestión entera puede reducirse a la cuestión por la autoridad suprema, esto es: ¿Tiene el papa o tienen las Escrituras la autoridad suprema?

Artículo 23

DEL MATRIMONIO DE LOS SACERDOTES

Había pública queja con respecto a los ejemplos de los sacerdotes que no vivían castamente. Por esa razón se refiere también que el papa Pío dijo que había algunas razones por las cuales se negó el matrimonio a los sacerdotes, pero que hay razones mucho más graves por las que debe serles permitido. Pues así escribe Platina. Queriendo, pues, nuestros sacerdotes evitar estos escándalos públicos, se casaron y enseñaron que les era lícito contraer matrimonio. En primer lugar, San Pablo dice: "Pero por causa de la inmoralidad sexual, cada hombre debe tener su propia esposa"; y también: "Es mejor casarse que arder de pasión" (1 Co 7:2, 9). En segundo lugar, Cristo dice: "No todos pueden comprender esto" (Mt 19:11), donde enseña que no todos los hombres son idóneos para el celibato; porque Dios creó al hombre para la procreación (Gn 1:28). No está en la mano del hombre cambiar este orden de la creación sin un don singular y por obra de Dios. (Es evidente también, y muchos lo han confesado, que de esta práctica no ha resultado una vida buena, honesta y casta, y una conducta cristiana, sincera y honrada, sino que, más bien, muchos experimentaron hasta su muerte una terrible inquietud y tormento en sus conciencias.)

Consta también que en la Iglesia antigua los sacerdotes fueron hombres casados. Pues dice, 1 Ti 3:2, que ha de ser elegido obispo el que sea marido de una mujer. Y en Alemania, hace cuatrocientos años que por vez primera los sacerdotes fueron llevados al celibato[29] por la fuerza; ellos se resistieron tanto que el arzobispo de Maguncia,[30] a punto ya de publicar el edicto del pontífice romano sobre esta materia, casi fue muerto en el tumulto por los sacerdotes encolerizados. Y esta decisión papal se cumplió con tanto rigor que no sólo fueron prohibidos los matrimonios futuros, sino que fueron separados con violencia los ya existentes, contra todo derecho, divino y humano, y contra los mismos cánones, hecho no por los pontífices, sino por los más célebres sínodos.[31]

Además, muchas personas piadosas e inteligentes colocadas en altas posiciones han expresado frecuentemente su convicción de que el celibato impuesto por la fuerza, y el privar a los hombres del matrimonio que Dios mismo ha instituido para ellos, nunca produjo buenos resultados, sino que ha acarreado muchos vicios grandes y perniciosos y mucha iniquidad.

Y porque, a la par que el mundo se envejece, la naturaleza humana se debilita paulatinamente, conviene vigilar, para que no penetren otros vicios más en Alemania.

Además, Dios instituyo el matrimonio para que fuese un remedio contra la flaqueza humana. Y los mismos cánones dicen que el antiguo rigor debe ser suavizado, a veces, en estos últimos tiempos por causa de la debilidad de los hombres;[32] y sería de desear que así se procediera también en este asunto. Y puede temerse que algún día faltarán pastores en las iglesias, si se prohíbe el matrimonio en adelante.

Pero, aunque está en todo su vigor el mandamiento de Dios, a pesar de que es conocida la costumbre de la Iglesia, mientras el impuro celibato causa muchos escándalos y otros crímenes, dignos del castigo de rectos magistrados, es a la vez cosa de pasmarse, que en ningún asunto se ejerza tanta crueldad como contra el matrimonio de los sacerdotes. Dios mandó honrar el matrimonio. Las leyes de todas las naciones bien constituidas, hasta entre los gentiles, le tributan grandes honores. Y ahora hasta los sacerdotes son castigados con la pena capital, contra el intento de los

---

29 Si bien la necesidad del celibato clerical se recalcó y se practicó en siglos anteriores, no fue sino hasta fines del siglo XI que se hizo cumplir en general bajo el papa Gregorio VII. Todavía en el siglo XII la mayor parte de los sacerdotes de Alemania vivían en matrimonio. (Libro de Concordia, CPH, pág. 39 nota 49)

30 Sigfrido de Maguncia, (Mainz en alemán: ciudad en la orilla izquierda del Rin) en los sínodos de Erfurt y Maguncia en 1075, según los anales de Lambert von Hersfeld.

31 Decr. Grat., parte I, dist. 82, cap. 2-5; también dist. 84, cap. 4. El Concilio de Nicea se negó a exigir el celibato. Sócrates, Historia ecclesiastica, I, II

32 Decr. Grat., parte I, dist. 34, cap. 7; parte II, cap. 1, q. 7, c. 5

cánones, por ninguna otra causa que el matrimonio. Pablo llama doctrina de demonios a la que prohíbe el casamiento, 1 Ti 4:1-3. Esto se entiende fácilmente ahora, en que la prohibición del matrimonio es mantenida por medios tan aflictivos.

Pero como ninguna ley humana puede anular el mandamiento de Dios, así tampoco ningún voto puede anularlo. Por tanto, también Cipriano aconseja que se casen las mujeres que no conservan la castidad prometida. Éstas son sus palabras: "Pero si no pueden, o si no quieren perseverar, mejor es que se casen que caer al fuego por sus propias concupiscencias: seguramente no deben escandalizar a sus hermanos y hermanas."[33] Hasta los mismos cánones son equitativos para con aquellos que hicieron votos antes de haber llegado a una edad conveniente, como generalmente sucedió en el pasado.[34]

Exposición del Dr. Little

Para defender la sentencia pronunciada por la Iglesia romana en contra del matrimonio de los sacerdotes, los confutadores hicieron referencia a los decretos de concilios y a las medidas tomadas por los papas que prohibían el matrimonio a los sacerdotes; y ellos suponían que esto había sido hecho "sin duda no prescindiendo del Espíritu Santo". Por consiguiente, arguyeron que esto no era un abuso en la Iglesia que necesitaba de corrección. A esto agregaron algunos argumentos falaces y forzados, intentando basarlos en las Escrituras. En primer lugar, arguyeron que en el Antiguo Testamento los sacerdotes estaban separados de sus mujeres cuando ellos tenían que desempeñar sus oficios en el templo. De allí hicieron la inferencia que los sacerdotes del Nuevo Testamento, que siempre están ocupados en el ministerio, debían quedarse separados siempre de sus mujeres. De manera semejante arguyeron, según 1 Co 7:5 donde se afirma que los casados no deben defraudarse mutuamente en sus deberes matrimoniales a no ser por un tiempo para dedicarse a la oración, que el sacerdote debe orar siempre y por lo tanto no debe estar casado. Lealtad al Señor era la base para otro argumento. De 1 Co 7:32, 33 arguyeron que el sacerdote soltero puede prestar su atención completa a los asuntos pertenecientes a su oficio. Ellos descartaron el texto de 1 Co 7:2-9 por no ser aplicable a los sacerdotes, pero 1 Co 7:1 lo admitieron, porque los sacerdotes están en la posición ventajosa de ni casarse ni quemarse. Contestando el alegato de que el matrimonio es ordenanza divina y tiene

---

33 Cipriano, Epístolas, 62, 2 (Migne). De acuerdo con la enumeración de Erasmo, Libro 1, Ep. 11.
34 Decr. Grat., parte II, cap. 20, q. 1, c. 5, 7, 9, 10, 14, 15.

el mandato de Dios, dijeron que hace más de mil años Jerónimo decidió el punto, cuando dijo: "Era necesario primeramente plantar la selva y dejarla crecer para que hubiera lo que más tarde podía ser cortado." Esto lo explican de esta manera: "En aquel entonces el mandato con respecto a la procreación de hijos fue dado para que se llenase la tierra; pero siendo que ya está llena, hasta el punto que hay una multitud de naciones, el mandato no es ley de igual manera para los que pueden contenerse." Este argumento justificará la tendencia moderna de limitar arbitrariamente el número de hijos de un matrimonio, una tendencia que los papas más recientes condenan.

Los confutadores aun trataron de hacer desaparecer el sentido de 1 Ti 3:2, el cardenal Gibbons mantiene que esto es solamente un asunto de disciplina por parte de la Iglesia, la cual puede cambiar el reglamento en cualquier oportunidad cuando hay motivo suficiente para hacerlo. Nuestro artículo defiende el derecho de los sacerdotes, o sea pastores, a casarse, indicando las siguientes razones: 1) Para mantener la castidad; 2) Seguir el ejemplo de la Iglesia Primitiva; 3) A causa de la debilidad de la naturaleza humana.

El primer argumento

El objetivo que querían lograr al prohibir el matrimonio a los sacerdotes era el de glorificar el sacerdocio. Los sacerdotes debían mostrar una clase superior de santidad por la cual se elevarían por encima de la masa de los hombres. Las palabras introductorias del artículo hacen mención de la queja notoria que muchos sacerdotes llevaban vidas deshonestas. Esta queja fue substanciada por uno de sus propios papas quien declaró: "Si había algunas razones para prohibir el matrimonio a los sacerdotes, hay ahora muchas razones más graves a favor de hacerlo lícito de nuevo. Al permitir a los sacerdotes el casarse, los reformadores solamente buscaban evitar semejantes ofensas públicas y actuaron en plena armonía con la enseñanza de las Escrituras. Los siguientes textos lo comprueban: "Por causa de la inmoralidad sexual, cada hombre debe tener su propia esposa" (1 Co 7:2); "Pero si no pueden dominarse, que se casen; pues es mejor casarse que arder de pasión" (1 Co 7:9); "No todos pueden comprender esto, sino sólo quienes tienen este don" (Mt 19:11). Además hay que considerar el relato de la creación del hombre cuando Dios originalmente los creó hombre y mujer (Gn 1:27). Nuestros confesores arguyeron que la creación original no podía ser invalidada por ninguna ley ni voto. Por lo tanto, los que no pueden vivir honestamente como solteros, deben casarse. Los sacerdotes pueden, por lo tanto, tomar para sí mujeres como esposas.

El segundo argumento

Este argumento se basa en el ejemplo de la Iglesia Primitiva, donde sin duda los sacerdotes se casaron. Aquí citan las palabras de San Pablo, 1 Ti 3:2, y las interpretan no solamente como advertencia contra la bigamia, sino que también apoyan en estas palabras el derecho de los sacerdotes a casarse. En este texto Pablo habla de esposas en el sentido literal de la palabra y no de las iglesias, como los católicos modernos quieren pervertir el sentido de esas palabras. Además, arguyeron que la prohibición a los sacerdotes de casarse era innovación reciente y que fue introducido en Alemania por la fuerza hacía apenas 400 años, causando en aquel entonces mucha conmoción y tumulto. Por lo tanto, es decreto arrogante, por medio del cual el papa se arroga las prerrogativas de Dios, cuando pretende regular con su propia autoridad una institución divina. Dios instituyó el matrimonio como el único medio legítimo para satisfacer los naturales deseos sexuales y no eximió a ninguna clase de hombres de esa provisión. El decreto que prohíbe el matrimonio a los sacerdotes es del diablo, como las palabras de San Pablo enseñan: "Pero el Espíritu dice claramente que, en los últimos tiempos, algunos apostatarán de la fe y escucharán a espíritus engañadores y a doctrinas de demonios, y que por la hipocresía de los mentirosos que tienen cauterizada la conciencia, prohibirán casarse y mandarán abstenerse de los alimentos que Dios creó, para que los creyentes y los que han conocido la verdad participaran de ellos con acción de gracias" (1 Ti 4:1-3).

El tercer argumento

El último argumento del artículo propone que el prohibir el matrimonio a los sacerdotes no es aconsejable a causa de la flaqueza creciente de la naturaleza humana. Tan temible y evidente era el resultado de esa sentencia en contra de la Palabra de Dios y la ley de la naturaleza, que el grito "reforma moral" se levantó ya antes de que se diera cuenta de la necesidad de una reforma en la Iglesia por medio de la restauración del Evangelio. La lujuria de los papas y la corrupción entre el clero conducían a frecuentes pecados contra el sexto Mandamiento, fomentados por los sacerdotes. En vista de esas condiciones, el artículo aboga por suavizar el rigor de esa prohibición y de las medidas rigorosas tomadas en contra de sus transgresores. Se cita a Cipriano también, quien aconsejó a los que no pueden guardar el voto de castidad a casarse, para evitar ser consumidos por los deseos insistentes y el dar ofensa a otros. A causa de la flaqueza de la naturaleza humana y por el hecho de que una sola vida deshonesta da ocasión a muchísimos males graves, la prohibición a los sacerdotes de casarse no debe llevarse a cabo.

Artículo 24

DE LA MISA

Se acusa falsamente a nuestras iglesias de hacer abolido la misa;[35] puesto que la misa es retenida entre nosotros y celebrada con la mayor reverencia. Y casi todas las ceremonias usuales son conservadas, salvo que en algunas partes se entremezclan entre las canciones latinas algunas alemanas,[36] las cuales han sido añadidas para enseñar al pueblo. Porque para una sola cosa son necesarias las ceremonias, para que enseñen a los menos instruidos lo que deben saber de Cristo. Y no sólo Pablo mandó usar en la Iglesia una lengua conocida por el pueblo, 1 Co 14:2-9, sino que también fue establecido así por el derecho humano. El pueblo acostumbra a comulgar todos juntos, cuando algunos están preparados; y esto también aumenta la reverencia y la devoción en las ceremonias públicas. Pues no se admite a ninguno que no haya sido examinado antes. El pueblo también es amonestado sobre la dignidad y el uso de la Cena del Señor, y sobre el gran consuelo que trae a las conciencias perturbadas, para que aprendan a creer en Dios y esperar y pedir de Dios todo lo bueno. Aquí se les instruye también respecto de otras falsas doctrinas acerca de la Santa Cena. Este culto place a Dios; este uso de la Cena del Señor aumenta la piedad hacia Dios. Por tanto, no aparece que la misa es celebrada con mayor devoción entre nuestros adversarios que entre nosotros.

Pero es evidente, que, desde ya hace tiempo, ha habido una pública y muy grande queja de todos los hombres buenos sobre la torpe profanación que se ha hecho de las misas, valiéndose de ellas únicamente para lucrar. Todos conocen cuán difundido es este abuso en todas las iglesias, por qué clase de hombres se celebran misas solemnes para lograr gratificaciones o estipendios, o cuántos la celebran contra las prohibiciones de los cánones. Pero Pablo amenaza gravemente a los que tratan indignamente la Santa Cena, cuando dice: "De manera que cualquiera que comiere este pan o bebiere esta copa del Señor indignamente, será culpado del cuerpo y de la sangre del Señor" (1 Co 11:27). Cuando, pues, nuestros sacerdotes fueron

35 Por ejemplo, por Juan Eck, artículos 269-278 de sus 404 Tesis.

36 Advierta el lector que esto se escribió en Alemania, 1530.

amonestados con respecto a este pecado, faltaron las misas privadas, porque apenas una que otra misa privada se celebraba si no era por causa de lucro.

Tampoco los obispos ignoraban estos abusos, y si los hubiesen corregido a tiempo, ahora habría menos discrepancia. Antes, por su tolerancia, permitieron que muchos vicios se introdujeran en la Iglesia. Ahora, cuando ya es muy tarde, empiezan a lamentarse de la perturbación en la Iglesia; aunque esta confusión fue ocasionada solamente por aquellos abusos, tan manifiestos, que no pudieron ser tolerados más. Ha habido grandes divergencias sobre la misa, sobre el Sacramento. Acaso el mundo sufre penas por la profanación continuada de la misa, la cual fue tolerada en las iglesias durante tantos siglos por los mismos hombres que pudieron y debieron enmendarla. Pues en el Decálogo está escrito: "No tomarás en vano el nombre del Señor tu Dios, porque yo, el Señor, no consideraré inocente al que tome en vano mi nombre" (Ex 20:7). Pero desde el principio del mundo no se conoce que ninguna cosa divinamente instituida haya sido jamás tan vilmente aplicada al lucro como la misa.

A esto se agregó una opinión que aumentó infinitamente las misas privadas, a saber: que Cristo, por su pasión, hizo satisfacción por el pecado original, instituyó la misa, en la cual se hiciera sacrificio por los pecados diarios, tanto por los mortales como por los veniales. De ahí se originó la opinión general de que la misa borra los pecados de los vivos y de los muertos por la mera obra externa. Luego, comenzaron a disputar si una misa, dicha a favor de muchos, valdría tanto como una misa dicha a favor de uno solo. Esta disputa produjo una multitud infinita de misas. Por esta obra pretendían conseguir de Dios todo lo que necesitaban, y mientras tanto la fe en Cristo y el verdadero culto divino eran olvidados.

Los nuestros fueron advertidos que estas opiniones se apartan de las Sagradas Escrituras y aminoran la gloria de la pasión de Cristo. Pues la pasión de Cristo fue ablución y satisfacción no solamente por la culpa original, sino también por todos los demás pecados, conforme está escrito en la epístola a los Hebreos: "Somos santificados, mediante la ofrenda del cuerpo de Jesucristo, hecha una sola vez y para siempre" (Heb 10:10); y más adelante agrega: "Por medio de una sola ofrenda, hizo perfectos para siempre a los santificados" (Heb 10:14). En verdad es una innovación inaudita en la Iglesia, enseñar que Cristo por su muerte hizo satisfacción solamente por el pecado original y no al mismo tiempo por todos los pecados. Por eso confiamos que todos comprenderán que este error no ha sido reprobado sin causa suficiente.

Las Escrituras enseñan también que somos justificados delante de Dios por la fe en Cristo, cuando creemos que los pecados son perdonados por causa de Cristo. Ahora, sí la misa quita los pecados de los vivos y de los muertos por la mera obra externa, la justificación viene de la obra de la misa, y no de la fe; esto no lo admiten las Escrituras.

Pero Cristo nos manda: "Hagan esto en memoria de mí" (Lc 22:19). Por tanto la misa fue instituida para que la fe de aquellos que reciben la Cena del Señor recuerde cuáles son los beneficios que recibe por Cristo, y conforte y consuele la conciencia perturbada. Pues recordar a Cristo quiere decir recordar sus beneficios, y creer que, en verdad, están a disposición nuestra. Y no basta con sólo recordar la historia; pues también los judíos y los impíos pueden recordarla. Por lo tanto, la misa ha de ser celebrada con el fin de que la Cena del Señor sea administrada a los que necesitan consuelo; como dice Ambrosio: "Porque siempre peco, siempre debo recibir la medicina." Por eso, este Sacramento exige la fe; y, sin la fe, se usa en vano.

Siendo, pues, la misa tal administración del Sacramento, se celebra, entre nosotros, una misa común todos los días de fiesta, y también en otros días, si algunos desean la Santa Cena, entonces el Sacramento se administra a los que lo piden. Esta costumbre no es nueva en la Iglesia. Pues los padres, antes de Gregorio, no hacen mención de misa privada alguna; pero de la misa común, o Comunión, hablan mucho, Crisóstomo dice: "El sacerdote está en el altar diariamente; a algunos invita a la Comunión, y a otros se la impide." Se deduce de los antiguos cánones que uno solo celebraba la misa, de cuyas manos recibían el cuerpo del Señor los otros presbíteros y diáconos. Pues así dicen las palabras del canon Niceno: "Según su orden, después de los presbíteros reciban los diáconos la santa Comunión del obispo o de un presbítero." Y Pablo mandó, respecto a la Comunión: "Así que, hermanos míos, cuando se reúnan a comer, espérense unos a otros" (1 Co 11:33), que los unos esperen a los otros, para que haya participación común.

Probado, pues, que la misa, entre nosotros, sigue el ejemplo de la Iglesia, fundado tanto en las Escrituras como en los padres, confiamos que no pueda ser desaprobada, máxime cuando en gran parte se conservan ceremonias públicas similares a las que antes se usaron. Solamente no es igual el número de misas, el cual por causa de grandes y manifiestos abusos, convendría ciertamente que fuera reducido. Pues, antes, la misa no se celebraba diariamente, ni aún en las iglesias más visitadas, como testifica la Historia Tripartita, libro 9, cap. 38: "Pero, al contrario, en

Alejandría, el miércoles y el viernes las Escrituras son leídas, los doctores las interpretan, y se hace todo menos el solemne rito de la Comunión."

Exposición del Dr. Little

Al contestar este artículo, los confutadores católico-romanos presentaron argumentos largos y especiosos. En primer lugar, objetaron la abolición del uso del idioma latín en la misa. Mantuvieron que la enseñanza de San Pablo (1 Co 14:9), a saber, que el idioma usado debe ser entendido por la gente, no puede ser aplicada en este caso. A esto agregaron: "Siendo que el sacerdote es persona que pertenece a toda la Iglesia y no solamente a su ambiente particular, no hay qué extrañarse que él administre la misa en el idioma latino dentro de la iglesia latina". Otra vez dijeron: "Todo lo que se exige al inculto es que diga Amén a lo hecho; y los cánones mismos exigen esto". Afirmaron además, pero sin presentar prueba alguna, que los padres celebraron la misa en el idioma hebreo hasta los tiempos de Adriano. Y añadieron que no sería necesario, ahora, celebrar la misa en idioma entendido por la gente, porque los católicos, ya desde la cuna, se familiarizan con los modos y las costumbres de la Iglesia. Siguieron afirmando que no era necesario para los legos el oír o entender todas las palabras de la misa, ni aun entenderla diligentemente, porque es mejor entender y atender su fin; pues se celebra la misa para que la Eucaristía pueda ser ofrecida en memoria de la pasión de Cristo. Para defender su posición contra las quejas presentadas por los luteranos, ellos citaron a San Pablo, 1 Co 9:7, 13; y a Cristo Lc 10:7.

Los adversarios desaprobaron la discontinuidad del uso de las misas privadas entre los luteranos, por disminuir el culto a Dios y por distraer el honor a los santos y así anular la voluntad del fundador de esas misas y privar a los muertos de sus debidos derechos, y desalentar a los vivos en su devoción. Pero lo que objetaron particularmente era el argumento de los reformadores, que Cristo no es sacrificado en la misa, enseñanza, según dijeron los católicos, que ya hace mucho fue condenada y excluida por los fieles. Para presentar por lo menos algo parecido a un argumento, ellos citaron tales textos como Mal 1:10-11 y Dn 12:10-11, textos que tienen tanto que ver con el sacrificio de la misa como Gn 1:1. Como prueba, ellos citaron Heb 5:1, un texto que se refiere a Cristo y a él solo, como antetipo del sumo sacerdote del Antiguo Testamento; y también citaron Ap 12:6, donde interpretan la palabra "la mujer" como representante de la Iglesia Católica Romana. Además afirmaron que Bernabé, Manahén, Lucio de Cirene, Simeón y Saúl hicieron sacrificios, y que esos sacrificios eran los de la misa. Y en cuanto a lo que Pablo dice, en

Hebreos, con respecto a un solo sacrificio hecho por Cristo una vez por todas, dijeron que esto no se opone a la oblación en la misa; porque Pablo hablada del sacrificio cruento y no del incruento, como éste es ofrecido en la misa. En vista de estos argumentos, rogaron a los reformadores a que restaurasen las misas abrogadas. El artículo de la confesión discute este asunto con tres declaraciones: 1) Nuestras Iglesias no han abolido la misa; 2) Las misas privadas, por razones buenas, han sido discontinuadas; 3) El uso malo de la misa ha sido rechazado, y el uso bueno encomendado.

La primera declaración

Al contestar a la afirmación romana de que nuestras iglesias han abolido la misa, se afirma que no solamente no la han abolido, sino que, en verdad, la celebran con más reverencia que entre los romanos. Declaran que todo lo que se ha abolido era la corrupción y el abuso que la Iglesia Católica Romana ha cargado sobre la misa. Nuestras iglesias rechazan tales errores como la transubstanciación, la retención del cáliz de los legos, la adoración de la hostia, y especialmente el sacrificio de la misa, que es una perversión completa del sacramento. Afirman que mantienen con reverencia la celebración de la Santa Cena como ésta fue celebrada antes de que las perversiones mencionadas arriba fucron introducidas por los romanos. También piden atención al cuidado que se observa cuando se celebra la misa entre ellos y hacen notar que la gente se acostumbra a recibir el sacramento no a solas sino reunida, que nadie es admitido al sacramento si no ha sido examinado anteriormente, y que se les recuerde el valor del uso del sacramento; o sea, todo lo que es culto agradable a Dios y disciplina que atiende a la piedad.

La segunda declaración

Esta declaración se ocupa de las misas privadas, las cuales, por ser celebradas mayormente para hacer dinero, han sido discontinuadas en nuestras iglesias. Critican a los obispos por maquinar semejantes abusos, de los cuales ciertamente no ignoran, y por permitir que las misas sean así profanadas; pues así se invocan la ira y castigo divinos sobre el mundo por violar el segundo Mandamiento. Todavía peor es el tremendo aumento en el número de las misas privadas, debido a la opinión que empezó a generalizarse, de que las misas privadas valían por los pecados mortales y veniales mientras el sacrificio de Cristo tenía valor solamente por el pecado original.

Los confesores rechazaron completamente semejantes pretensiones por ser contrarias a las Escrituras y por menguar la gloria de la pasión de Cristo. Como argumento citaron Heb 10:10 y 14.

La tercera declaración

Esta declaración afirma que el uso malo del sacramento ha sido abolido y el uso bueno encomendado. Es uso malo del sacramento cuando enseñan que los pecados son perdonados por los meros actos externos relacionados con la misa. Afirman que esa enseñanza es contraria a la enseñada expresamente en las Escrituras: que somos justificados, ante Dios, por la fe en Cristo cuando creemos que nuestros pecados son perdonados por los méritos de Cristo. Si es que la justificación se efectúa por la mera celebración de la misa, entonces se justifica por medio de la operación de las misas y no por medio de la fe; pero las Escrituras, por todas partes, enseñan, que es por fe. Por lo tanto, ese uso malo del sacramento ha de ser rechazado.

En lugar de este mal uso, nuestras iglesias celebran el sacramento en memoria de Cristo como él mismo establece en Lc 22:19. El Señor instituyó este sacramento para fortalecer la fe y llevar consuelo a las conciencias agobiadas. Pues bien, acordarse de Cristo es acordarse de sus beneficios y darse cuenta de que estos beneficios nos son conferidos. Aquí citan a Ambrosio: "Ya que siempre peco, siempre debo recibir la medicina". Por eso, este Sacramento exige la fe, y, sin la fe, su uso es vano.

Artículo 25

DE LA CONFESIÓN

La Confesión en las iglesias no está abolida entre nosotros. Pues no acostumbramos a dar el cuerpo de Cristo, sino a los que, antes, han sido examinados y absueltos. El pueblo es instruido muy diligentemente con respecto a la fe en la absolución, sobre la cual hubo un profundo silencio antes de este tiempo. Nuestra grey es instruida para que estime la absolución, porque ésta es la voz de Dios pronunciada por mandato divino. El poder de las Llaves se propone en su hermosura, y se hace presente cuán gran consuelo lleva a las conciencias perturbadas; también, que Dios requiere la fe para creer en la absolución como en una voz que se escucha del cielo, y que tal fe en Cristo verdaderamente obtiene y recibe la remisión de los pecados. Antes, las satisfacciones fueron exaltadas inmoderadamente; mas no se hizo mención alguna de la fe, del mérito de Cristo y de la justicia de la fe. Por tanto, con respecto a esta cuestión, nuestras iglesias no deben ser inculpadas en modo alguno. Pues también los mismos adversarios deben concedernos que la doctrina del arrepentimiento ha sido muy diligentemente tratada y explicada por los nuestros.

Pero acerca de la Confesión, enseñamos que la enumeración de los pecados no es necesaria, y que no se carguen las conciencias con la ansiedad de enumerar todos los pecados, dice el salmista: "¿Acaso hay quien reconozca sus propios errores? ¡Perdóname por los que no puedo recordar!" (Sal 19:12). También Jeremías afirma: "El corazón es engañoso y perverso, más que todas las cosas. ¿Quién puede decir que lo conoce?" (Jer 17:9). Pero si no fueran perdonados todos los pecados, y solamente aquellos que fuesen enumerados, las conciencias nunca podrían aquietarse; pues muchísimos pecados ni se ven, ni se pueden recordar. También los antiguos escritores aseveran que la enumeración no es necesaria. Pues en los decretos se cita a Crisóstomo, quien dice así: "No te digo que te expongas en público, ni que te acuses delante de otros; mas quiero que obedezcas al profeta, quien dice: 'Pon tu camino en las manos del Señor.'[37] Por tanto confiesa tus pecados delante de Dios, el verdadero Juez, con oración. Pronuncia tus errores, no con la lengua, sino con la memoria de tu conciencia" etc. Y la nota al margen sobre De poenitencia, dist. 5, cap. Consideret,[38] admite que la Confesión es por derecho humano no ordenada por las Escrituras, sino instituida por la Iglesia. No obstante se retiene la Confesión entre nosotros tanto por el beneficio muy grande de la absolución como por sus demás utilidades para las conciencias.

Exposición del Dr. Little

Esta cuestión ya se trató brevemente en su aspecto positivo en el Artículo XI. Aquí, en la segunda parte de la Confesión, que trata de los abusos, la cuestión recibe consideración más detallada y extensa. Los confutadores rechazaron el artículo completamente; pero sus objeciones, en lugar de apoyarse en las Escrituras, se apoyaban en el testimonio de los padres de la Iglesia, como Crisóstomo, Jerónimo y otros. Ellos calificaban la confesión al sacerdote como el tesoro máximo de la Iglesia y apelaban a los reformadores para que enseñasen, de acuerdo a la norma ortodoxa, lo que la Iglesia había establecido. Se puede dividir el artículo en tres partes:

---

37 Salmo 37:5
38 Glosa sobre Decr. Grat., De poenitentia, 5. 1, c

1) La confesión no quedó abolida en nuestras iglesias; 2) Se honra el poder de las llaves; 3) No es necesario enumerar los pecados en la confesión.

El primer punto

El artículo empieza por declarar que la confesión no fue abolida en nuestras iglesias, y así contestan a la acusación romana de que los luteranos habían abolido la confesión. Agregan: lejos de abolirla, su práctica usual es la de no dar el cuerpo y sangre a nadie si éste no ha sido examinado y absuelto anteriormente.

La cuestión en controversia era la de establecer si el pastor, o sacerdote, tenía que saber todos los pecados del penitente antes de administrarle la debida absolución. Nuestros confesores no podían encontrar fundamento bíblico alguno para semejante requisito, un requisito que impondría un yugo insoportable a la gente. Por haber terminado con este abuso, se les acusaba a los reformadores de haber rechazado completamente la confesión. En nuestra Iglesia se prescinde de todo el sistema romano de satisfacciones e indulgencias. El pastor, cual siervo de Cristo, pronuncia la absolución, en el nombre y por la autoridad de Cristo, sobre los que verdaderamente se arrepienten y tienen pesar por sus pecados. En cada uno de estos casos, es el Señor mismo quien habla por medio de la boca de su siervo. Los pastores son solamente los agentes públicos de la Congregación para cumplir con este deber. Pero como agente o administrador público, el pastor no puede administrar la Santa Cena a cualquier individuo; mas tiene que cuidar de que aquel que venga para comulgar, se examine a sí mismo y también debe cuidar de que no se permita una participación indigna en la Santa Cena por parte de los comulgantes.

El segundo punto

Este punto trata de la absolución. Se llama la atención al hecho de que hay gran consuelo para la conciencia agobiada, cuando se enseña a la gente que la absolución pastoral es tan válida y segura como si una voz, desde los cielos, la haya proclamado, o como si el Señor Jesucristo mismo la hubiera dicho directamente. Para el penitente, la fe en Cristo alcanza el perdón de los pecados, y por medio de la fe, él se lo apropia a sí mismo y es su propio perdón. Hay dos cosas necesarias para una confesión correcta; a saber, la confesión de sus pecados por parte del penitente y la apropiación de la absolución, dada por el pastor, y esta absolución le asegura el perdón de todos sus pecados. Esto no es nada menos ni nada más que aplicar, con autoridad, la promesa del Evangelio al cristiano en particular.

El tercer punto

El último punto del artículo dice que la enumeración de los pecados en la confesión no es necesaria. La Iglesia Católica Romana insiste tenazmente en esa enumeración. Según su sistema, el sacerdote que oye la confesión es un juez. Para imponer la satisfacción necesaria, él tiene que saber cada pecado que el pecador haya cometido, juntamente con las circunstancias que harían más grave o más leve la ofensa.

Entre los cristianos luteranos, la confesión al pastor es cosa voluntaria. Sus pastores no son jueces, mas son pastores evangélicos, son médicos espirituales, que administran el aliento y la consolación a los que verdaderamente lamentan y confiesan sus pecados. No exigen que cada pecado, con todos sus detalles, sea enumerado; pues el hacer esto sería inadmisible. Saben que Jesucristo ha hecho satisfacción completa para todos los pecadores y que no queda nada que el hombre tenga que hacer para completarla. Todo lo que el pecador tiene que hacer es recibir esta satisfacción y apropiársela a sí mismo por medio de la fe. La conclusión a que llegan los nuestros es, que la confesión al pastor, aunque sea institución de la Iglesia, y por eso de derecho humano, debe ser mantenida a causa de los grandes beneficios de la absolución y a causa de los otros usos saludables que esta confesión tiene para las conciencias.

Artículo 26

DE LA DISTINCIÓN DE LAS COMIDAS

Ha sido creencia general, no sólo del pueblo, sino también de los instructores en la Iglesia, que la distinción respecto de las comidas y otras tradiciones humanas similares son obras útiles para merecer la gracia y para hacer satisfacción por los pecados.[39] Que también el mundo pensaba así, se desprende del hecho de que diariamente fueron instituidas nuevas ceremonias, nuevas órdenes, nuevas fiestas, nuevos ayunos, y los doctores en la Iglesia exigieron estas obras como un culto necesario para merecer la gracia, y llenaron de terror las conciencias de la gente, cuando omitían alguna de estas cosas. De esta persuasión en materia de tradiciones sobrevinieron muchos perjuicios a la Iglesia.

En primer lugar, ha sido oscurecida la doctrina de la gracia de Cristo y de la justicia de la fe, la cual es la parte principal del Evangelio, y debe

---

39 Vid. Tomás de Aquino, Summa theologica, II, 2, q. 147, a, I, c.

ser exaltada como la doctrina preeminente en la Iglesia, a fin de que el mérito de Cristo sea bien conocido y la fe, que cree que los pecados son perdonados por causa de Cristo, sea exaltada muy por encima de las obras. Por eso también Pablo da la mayor importancia a este artículo, no dando importancia a la Ley y a las tradiciones humanas, a fin de mostrar que la justicia cristiana es algo más que las obras de este género, a saber: la fe, que cree que los pecados son gratuitamente perdonados por causa de Cristo. Pero esta doctrina de Pablo ha sido casi totalmente ocultada por las tradiciones, las que han formado la opinión de que se debe merecer la gracia y la justicia por la distinción en comidas y cultos parecidos. Cuando se hablaba del arrepentimiento, ninguna mención se hizo de la fe; solamente fueron propuestas estas obras satisfactorias; parecería que en ellas existiera todo el arrepentimiento.

En segundo lugar, estas tradiciones oscurecieron los Mandamientos de Dios, porque las tradiciones fueron colocadas muy por encima de ellos. El cristianismo era conceptuado como una mera observancia de ciertos días de fiesta, ritos, ayunos y vestiduras. Estas observancias habían ganado para sí el muy honrado título de ser la vida espiritual y la vida perfecta. Entre tanto, los Mandamientos de Dios, según la vocación de cada uno, no merecían ningún honor; que el padre de familia educara a su prole, que la madre diera a luz, que el príncipe gobernara el estado: estas cosas eran reputadas como obras mundanas e imperfectas, y muy inferiores a aquellas observancias aparatosas. Y este error atormentaba muchísimo a las conciencias pías, que se afligían al considerarse en un estado de vida imperfecto, por ejemplo en el matrimonio, en la magistratura, o en otras funciones civiles; por otra parte, fueron admirados los monjes y sus similares, y las observancias de ellos fueron falsamente juzgadas más gratas a Dios.

En tercer lugar, las tradiciones eran muy peligrosas para las conciencias; porque era imposible observar todas las tradiciones, y sin embargo se consideraban estas observancias como actos necesarios del culto. Gerson[40] escribe que muchos cayeron en desesperación, y también que algunos se suicidaron, porque comprendieron que no podían cumplir las tradiciones, y mientras tanto, no habían escuchado consolación alguna acerca de la justicia por la fe y acerca de la gracia. Vemos que los teólogos juntan las tradiciones y buscan alguna moderación para aliviar las conciencias; pero con todo esto, no libertaron suficientemente las conciencias, sino que, al

---

40 Juan Gerson, teólogo francés, doctor chistianissimus, 1363-1429. Este aserto no puede hallarse textualmente en sus escritos.

contrario, las enredaron aún más. Las escuelas y los sermones estaban tan ocupados en dar cuerpo a las tradiciones que no quedaba oportunidad para tocar las Escrituras y buscar la doctrina más útil de la fe, de la cruz, de la esperanza, de la dignidad en los asuntos civiles, de la consolación de las conciencias penosamente tentadas. Por eso Gerson y otros teólogos se quejaron amargamente de que, por estas disputas sobre las tradiciones, estaban impedidos para poner su atención en una doctrina, de mejor calidad. También Agustín prohíbe que las conciencias de la gente sean cargadas con estas observancias, y prudentemente amonesta a Januario, que sepa que han de ser observadas como cosas indiferentes; pues estas son sus palabras.[41]

Por eso los nuestros no deben ser considerados como si hubiesen emprendido esta obra temerariamente o por odio a los obispos, como algunos equivocadamente sospechan. Gran necesidad habla de amonestar a las iglesias con respecto a estos errores que tienen su origen en las tradiciones mal entendidas.

Pues el Evangelio nos obliga a insistir en las iglesias sobre la doctrina de la gracia y de la justicia por la fe, la cual, sin embargo, no puede ser entendida si los hombres piensan que merecen la gracia por observancias de su propia elección.

Así, pues, enseñaron que no podemos merecer la gracia o ser justificados por el cumplimiento de tradiciones humanas. Por eso no debemos pensar que tales observancias sean actos necesarios del culto. Añaden el testimonio de las Escrituras. En Mateo 15:9 Cristo defiende a los apóstoles, que no habían observado la tradición usual, la cual evidentemente se refería a una cuestión que no era ilegal, sino indiferente, y tenía alguna relación con las purificaciones de la Ley, y dice: "No tiene sentido que me honren, si sus enseñanzas son mandamientos humanos." Por tanto, él no exige un culto inútil. Un poco después añade: "Lo que contamina al hombre no es lo que entra por su boca" (Mt 15:11). Pablo también afirma: "Porque el reino de Dios no es cuestión de comida ni de bebida" (Ro 14:17) y en Colosenses dice: "No permitan, pues, que nadie los juzgue por lo que comen o beben, o en relación con los días de fiesta, la luna nueva o los días de reposo." Y: "Si con Cristo ustedes han muerto a los principios de este mundo, ¿por qué, como si vivieran en el mundo, se someten a sus preceptos? Les dicen: 'No tomes eso en tus manos, no pruebes aquello, y ni siquiera lo toques'" (Col 2:16, 20-21). En Hch 15:10-11 escribe Pedro: "Entonces, ¿por qué ponen a prueba a Dios, al imponer sobre los discípulos

---

41 Agustín, Epístola 54 a Januario, 2, 2.

una carga que ni nuestros padres ni nosotros hemos podido llevar? Lo que creemos es que, por la bondad del Señor Jesús, seremos salvos lo mismo que ellos." Aquí Pedro prohíbe cargar las conciencias con muchos ritos, sean de Moisés, sean de otros. En 1 Ti 4:1-2 San Pablo denomina la prohibición de comidas "doctrina de demonios", porque repugna al Evangelio instituir o hacer tales obras con el fin de que por ellas merezcamos la gracia, o como si el cristianismo no pudiera existir sin tal culto.

Aquí los adversarios objetan que los nuestros prohíben la disciplina y la mortificación de la carne, como Joviniano.[42]

Pero en los escritos de nuestros teólogos se enseña todo lo contrario. Pues siempre enseñaron, con respecto a la cruz, que corresponde a los cristianos sufrir las aflicciones. Ésta es la verdadera, seria y genuina mortificación, a saber, ser ejercitado en varias aflicciones y ser crucificado con Cristo.

Además enseñan los nuestros que cualquier cristiano debe ejercitarse y sojuzgarse por una disciplina corporal, o por ejercicios y trabajos corporales de tal modo que ni la saciedad ni la ociosidad le tienten a pecar; pero no porque a causa de estos ejercicios merezcamos la gracia o hagamos satisfacción por los pecados. Esta disciplina corporal debe ser urgida siempre, y no solamente para algunos días ya fijados; como manda Cristo en Lc 21:34: "Pero tengan cuidado de que su corazón no se recargue de glotonería y embriaguez." También en Mateo 17:21: "Pero este género no sale sino con oración y ayuno." Y Pablo dice en 1 Co 9:27: "Golpeo mi cuerpo y lo pongo en servidumbre." Aquí demuestra claramente que castiga su cuerpo de este modo, no para que por esta disciplina merezca la remisión de los pecados, sino para que tenga su cuerpo en sujeción e idóneo para las cosas espirituales y para ejercer su ministerio según su vocación. Por eso no condenamos el ayuno en sí mismo, sino las tradiciones, que, con peligro para la conciencia, prescriben ciertos días y ciertas comidas, como si tales cultos fuesen una obra necesaria.

Sin embargo, entre nosotros se guardan muchísimas tradiciones que conducen a mantener el orden en la Iglesia, como el orden de las lecciones en la misa y los principales días de fiesta. Pero, al mismo tiempo, se advierte al pueblo que tal culto no justifica delante de Dios, y que no debe ser considerada como pecado la omisión de esas cosas, si se hiciere sin escándalo. Esta libertad en ritos humanos no era desconocida por los padres. Pues en el Oriente se observaba la Pascua en distinto tiempo que

42 Joviniano era monde romano, asceta, y vivió en el cuarto siglo de nuestra era, no censuró "la mortificación y la disciplina", sino que desde el año 385 combatió la enseñanza monástica relacionada con los méritos y las etapas de la perfección ética.

en Roma,[43] y habiendo los romanos, por causa de esta diferencia, acusado a la Iglesia de Oriente como cismática, fueron amonestados por los demás que no es necesario que tales costumbres sean iguales en todas partes. Ireneo dice: "La diversidad de los ayunos no quita la harmonía de la fe"[44] Como también el papa Gregorio intima en dist. 12 que esta diferencia no rompe la unidad en la Iglesia[45]. En la Historia Tripartita, Libro 9, se presentan muchos ejemplos de disparidad en los ritos y se citan estas palabras: "La opinión de los apóstoles no era instituir días de fiesta sino predicar la piedad y una vida consagrada (enseñar la fe y el amor).[46]

Exposición del Dr. Little

Este artículo, que ataca una de las tradiciones más queridas de la Iglesia Católica Romana, fue rechazado *in totum* por los confutadores. Según su argumento mayor, todo poder es de Dios, y esto es verdad especialmente con respecto al poder eclesiástico, que Dios ha dado para la edificación de la Iglesia. Por lo tanto, lo que la Iglesia ordena debe ser recibido por útil, y el que menosprecia las ordenanzas eclesiásticas, hace ofensa grave contra Dios. Para probar que los prelados son gobernadores de la Iglesia, divinamente nombrados, citaron Hch 20:28 y Heb 13:17 y el ejemplo de San Pablo que imponía leyes y reglamentos. Para defender su posición, acusan a los confesores de atribuir a las obras evangélicas lo que Pablo dice con respecto a las obras legales. Niegan que las ordenanzas eclesiásticas obscurezcan los mandatos de Dios o que es imposible observarlos. Mantienen que Pablo, al llamar las distinciones entre comidas "doctrinas del diablo", lo hace con referencia a las comidas en sí mismas inmundas y no con referencia a la prohibición de la Iglesia, que ordena esas distinciones para facilitar la obediencia a los mandamientos de Dios. Reconocen diferencias entre los ritos de las varias provincias, pero mantienen que los ritos universales deben ser observados universalmente en la Iglesia.

En el párrafo introductorio de este artículo encontramos esta declaración significante, a saber, que casi universalmente, tanto entre los maestros como entre la gente, se considera la división de comidas y las tradiciones humanas de la misma índole, como obras disponibles para merecer la gracia y hacer satisfacción por los pecados. Esto resultó en un

---

43 En Asia Menor coincidía con la Pascua judía (el 14 de Nisan), el día de la luna llena después del equinoccio de primavera; en Roma (tal como ya antes en Palestina y Egipto) se celebraba el domingo después de esa fecha.

44 Eusebio de Cesaréa, Historia Eclesiástica, V 24, 13.

45 Decr. Grat, I dist. 12, cap. 10

46 Casiodoro, Historia ecclesiastica tripartita, IX, 38, de acuerdo con Sócrates, Historia ecclesiastica, V, 22.

gran aumento de las ceremonias, en el aterrorizar las conciencias de los hombres, y en muchas otras desventajas para la Iglesia. Contra estas propuestas legales, nuestro artículo avanza tres argumentos: 1. Oscurecen las doctrinas fundamentales del Evangelio; 2. Oscurecen los mandamientos de Dios; 3. Atraen mayor peligro a las conciencias humanas.

El primer argumento

Las doctrinas de la gracia y de la justificación por la fe, que constituyen el mismo corazón del Evangelio, quedan obscurecidas a causa de estos decretos legales que exigen, en su observación, un servicio, que es necesario para merecer la gracia. En esa enseñanza, apenas se hace mención de la fe, pues todo el énfasis se pone en las obras humanas, en los ritos humanos; en las ceremonias humanas y en las satisfacciones humanas, para esconder así la doctrina central del cristianismo, a saber, la doctrina dé la justificación por sola la fe.

El segundo argumento

Aquí se afirma que estos decretos legales oscurecen los mandamientos de Dios, por colocar las tradiciones legales por encima de los mandamientos divinos. Aquellos que son responsables por semejante proceder y condición, prácticamente, pervierten el cristianismo en una religión de ritos y ceremonias, donde solamente los que se ocupaban en la observación de estos ritos son considerados como espirituales. Ellos (especialmente los monjes y las monjas) llegaron a ser conocidos por "religiosos". Los demás, aunque leales en el cumplimiento de su vocación, fueron considerados como mundanos, imperfectos e inferiores. Hasta al cura párroco se lo llamaba "clérigo secular". Esta práctica de enseñar como doctrinas divinas, los mandamientos de hombres, hizo mucho daño en la Iglesia, haciendo que la gente no se quedara contenta en su vocación terrenal y provocando entre ella una admiración grande por los monjes y por la vida monástica como más agradables a Dios. Esto es precisamente lo que nuestro Señor dice: "No tiene sentido que me honren" (Mt 15:3-9). También contradice directamente otros textos de las Escrituras, por ejemplo Hch 15:10, Col 2:16, 20-21; 1 Ti 4:1-4; Ro 14:17.

El tercer argumento

El último argumento de nuestro artículo dice que estos decretos ponen las conciencias de los hombres en gran peligro. Esto se debía al hecho de que, al multiplicar el número de los ritos y ceremonias, era imposible para la gente guardar todas las tradiciones. Otra objeción a estas tradiciones, era que ellas ocupaban tanto el tiempo de los pastores que, a estos, les quedaba poca oportunidad para predicar el Evangelio y consolar las conciencias perturbadas de la gente.

Artículo 27

DE LOS VOTOS MONÁSTICOS

Lo que entre nosotros se enseña con respecto a los votos monásticos será mejor entendido, si se tiene presente cuál fue el estado de los monasterios, y cuántas cosas sucedieron diariamente en los mismos contra los cánones. En et tiempo de Agustín eran asociaciones libres; después, corrompida ya la disciplina, fueron añadidos en todas partes los votos para restituir la disciplina, como en una cárcel bien arreglada y bien administrada.

Paulatinamente se añadieron otras muchas prácticas. Y estos grillos se cerraron para muchos antes de la edad permitida, contra los cánones. Muchos también entraron en esta forma de vida por ignorancia, a los cuales aunque no les faltasen los años, sin embargo, les faltaba un juicio exacto sobre sus propias fuerzas. Los que así fueron enredados, se vieron en la obligación de quedarse, aunque algunos podían haberse libertado por concesión de los cánones. Esto acaeció más en los monasterios de mujeres que en los de frailes, aunque se debiera haber tenido mayor consideración por el sexo débil. Este rigor causó, antes de ahora, el disgusto de muchos hombres buenos, quienes vieron que muchachas adolescentes fueron metidas en los monasterios para procurar su manutención. Vieron las consecuencias desgraciadas que resultaban de este proceder, los escándalos que se originaron, las trabas que se impusieron a las conciencias. Sentían gran dolor al ver que la autoridad de los cánones era enteramente desconocida y despreciada en un asunto tan grave. A estos males se añadió tal persuasión con respecto a los votos que llegó, en tiempos pasados, como es sabido, hasta causar el desagrado de aquellos monjes que tenían mayor juicio. Enseñaban que los votos monásticos eran equivalente al Bautismo; enseñaban que, con este género de vida, ellos merecían la remisión de los pecados y la justificación delante de Dios. Añadían que la vida monástica no solamente merece la justicia delante de Dios, sino aún más; porque guarda no solamente los preceptos, sino también los llamados "consejos evangélicos".

De este modo persuadían a la gente que la profesión monástica era mucho mejor que el Bautismo; que la vida monástica era más meritoria que la vida de los magistrados, y la vida de los pastores y de otros quienes, sin cultos ficticios, sirven en su vocación conforme a los Mandamientos de Dios. Nada de eso puede ser negado; pues aparece en los propios libros de ellos. (Además, una persona instruida de esta manera y acogida en el monasterio, aprende muy poco de Cristo.)

¿Que aconteció más tarde en los monasterios? Antiguamente eran escuelas de las Sagradas Escrituras y de otras disciplinas útiles a la Iglesia, de las cuales podrían salir los pastores y los obispos. Ahora, son otra cosa, que no es necesario repetir porque todos lo saben. Antes congregándose para aprender. Ahora, fingen que es una manera de vida instituida para merecer la gracia y la justicia; hasta predican que es un estado de perfección y lo declaran mucho mejor que todos los demás géneros de vida, ordenados por Dios. Estas cosas las hemos repetido sin exageración odiosa, con el fin de que la doctrina de los nuestros, en este punto, pueda ser mejor entendida.

En primer lugar, con respecto a los que contraen matrimonio, nosotros enseñamos que es lícito contraer matrimonio para todos aquellos que no son aptos para el celibato. Porque los votos no pueden anular una ordenanza o un mandamiento de Dios. El mandamiento de Dios es éste (1 Co 7:2): "Por causa de la inmoralidad sexual, cada hombre debe tener su propia esposa." Y no es solamente el mandamiento, sino también la creación y la ordenanza de Dios, que obliga al matrimonio a los que no son exceptuados por una obra singular de Dios, según el texto: "No está bien que el hombre esté solo" (Gn 2:18). Por tanto, no pecan aquellos que obedecen este mandamiento y ordenanza de Dios.

¿Qué puede objetarse contra esto? Por mucho que alguno exagere la obligación del voto, sin embargo, no podrá conseguir que el voto anule el mandamiento de Dios. Los cánones enseñan que, en todo voto, se mantiene incólume el derecho del superior (que los votos no obligan contra la decisión del papa); por tanto, mucho menos valen los votos hechos contra los mandamientos de Dios.

Ahora, si la obligación de los votos no pudiera ser mudada por ninguna razón, tampoco los pontífices romanos hubiesen podido conceder dispensas. Pues no es licito al hombre anular una obligación que es simplemente de derecho divino. Pero los pontífices romanos juzgaron prudentemente que en esta obligación debe usarse de benevolencia; por esto se lee que, a menudo, han dispensado de los votos. Sabida es la historia del rey de

Aragón, que fue sacado del monasterio; y también hay ejemplos de nuestro tiempo. (Ahora, si se concedieron dispensaciones para conseguir intereses temporales, es mucho más justo concederlas por causa del conflicto en las almas).

En segundo lugar: ¿Por qué exageraron los adversarios la obligación o el efecto del voto y al mismo tiempo guardan silencio con respecto a la naturaleza misma del voto, que ha de ser hecho en una cosa posible; que ha de ser voluntario, y hecho espontáneamente, después de madura reflexión? Pero, hasta donde alcanza el poder humano para guardar castidad perpetua, esto no es desconocido. ¿Cuántos son los que han hecho los votos espontánea y consideradamente? Las doncellas y los adolescentes son aconsejados y, a veces, obligados a hacer los votos antes de que puedan formar juicio sobre ellos. Por tanto, no es justo insistir tan rigurosamente en la obligación, cuando todos conceden que es contra la naturaleza del voto hacerlo involuntaria e inconsideradamente.

La mayoría de los cánones anulan los votos hechos antes de los quince años, porque a esta edad no parece suficiente el discernimiento en una persona para resolver sobre la vida entera. Otro canon, condescendiendo más con la debilidad humana, añade algunos años; porque prohíbe hacer votos antes de los dieciocho años. Pero ¿cuál de los dos cánones seguiremos? La mayoría tiene derecho para salir de los monasterios, porque la mayoría hizo votos antes de esta edad.

Finalmente, aunque la violación del voto pudiera ser censurada; sin embargo, no parece una deducción lógica que los matrimonios de las personas que lo violaron deben ser disueltos. Pues Agustín niega que deban ser disueltos, (XXVII. Quaest. I Cap, Nupturiaum); y su autoridad no es ordinaria, aunque después otros pensaron de otra manera. Pero aunque evidentemente el mandamiento de Dios con respecto al matrimonio liberta a muchos de sus votos; sin embargo, los nuestros se fundan en otra razón de gran importancia para demostrar le invalidez de los votos. Porque todo culto religioso, instituido y elegido por los hombres sin mandamiento de Dios para merecer la justificación y la gracia, es impío; como dice Cristo (Mt 15:9): "No tiene sentido que me honren, si sus enseñanzas son mandamientos humanos." Pablo enseña, en todas partes, que la justicia no ha de ser buscada en nuestras prácticas materiales y en cultos ideados por hombres, sino que viene por la fe a los que creen que son recibidos en la gracia de Dios por causa de Cristo.

Pero consta que los frailes enseñaban que el espíritu de religión inventado por ellos satisface por los pecados y merece la gracia y la justificación. ¿Qué significa esto, sino disminuir la gloria de Cristo, oscurecer y negar la justicia de la fe? Por tanto, resulta que los votos comúnmente hechos eran cultos impíos y por eso inválidos. Pues un voto impío, hecho contra el mandamiento de Dios no es válido, porque el voto no debe ser un lazo de la iniquidad, como dice el canon.

San Pablo dice (Gl 5:4): "Ustedes, los que por la ley se justifican, se han desligado de Cristo; han caído de la gracia." Por tanto, también aquellos que quieren ser justificados por los votos, están vacíos de Cristo y caen de la gracia. Pues también los que atribuyen la justificación a los votos, atribuyen a sus propias obras lo que propiamente pertenece a la gloria de Cristo.

En verdad, no se puede negar, que los frailes enseñaban que, por sus votos y prácticas, eran justificados y merecían la remisión de los pecados. No solamente esto, sino que inventaban absurdos todavía más grandes, diciendo que podían hacer partícipes de sus obras a otros. Si uno se inclinara a exagerar estas cosas con intenciones maliciosas, ¡cuántas cosas pudiera acumular, de las cuales hasta los mismos frailes se avergüenzan ahora! Además, persuadieron a la gente que las órdenes creadas por hombres representaban el estado de perfección cristiana. ¿No quiere decir esto atribuir la justificación a las obras? Es un grave escándalo en la Iglesia proponer a la gente, sin un mandamiento de Dios, un culto inventado por los hombres y enseñar que tal culto los justifica. Pues la justicia de la fe, la cual debe ser enseñada ante todo en la Iglesia, queda oscurecida cuando estos llamados "admirables y angélicos cultos" con su simulación de pobreza, de humildad y del celibato se ponen como una venda ante los ojos de los hombres.

Además, los mandamientos de Dios y el verdadero culto de Dios se echan al olvido cuando la gente oye que solamente los frailes se hallan en estado de perfección. Porque la perfección cristiana es temer a Dios de corazón y, no obstante, concebir una fe grande y confiar que por causa de Cristo Dios está aplacado con nosotros; pedir a Dios y con toda seguridad esperar su auxilio en todas las cosas que debemos hacer en nuestra vocación; y, entre tanto, hacer con diligencia buenas obras externas, y servir en nuestra vocación. En estas cosas consiste la verdadera perfección y el verdadero culto de Dios. No consiste en el celibato, ni en la mendicidad, ni en un mal vestir. Pero el pueblo acepta muchas opiniones perniciosas de los elogios falsos de vida monástica. Oyen alabar el celibato desmesuradamente; por eso viven en el matrimonio con detrimento de su conciencia. Oyen que solamente los mendicantes son perfectos, y, por eso, retienen sus posesiones y sus negocios con ofensa para su conciencia. Oyen que es un consejo evangélico no vengarse; por eso algunos no temen vengarse en la vida privada; pues oyen que es solamente un consejo, y no un mandamiento. Otros juzgan que es indigno para los cristianos ser magistrados o tener oficios civiles.

Se leen ejemplos de hombres que, después de abandonar el matrimonio y la administración de las cosas públicas, se escondieron en monasterios. Esto lo llamaban huir del mundo y buscar un modo de vida más agradable a Dios. Tampoco veían que se ha de servir a Dios en aquellos mandamientos que él mismo dio, y no en los mandamientos inventados por los hombres. Bueno y perfecto modo de vida es aquel qué tiene un mandamiento de Dios. Es necesario amonestar a los hombres con respecto a estas cosas.

Antes de ahora, Gerson reprende este error de los frailes con respecto a la perfección y testifica que en su tiempo era un dicho nuevo que la vida monástica fuera un estado de perfección.

Tan numerosas son las opiniones impías que se refieren a los votos; a saber, que ellos justifican; que son la perfección cristiana; que guardan los consejos y los mandamientos; que tienen obras de supererogación. Todas estas, porque son falsas y vanas, hacen inválidos los votos.

Exposición del Dr. Little

Este artículo, como era de esperar, fue rechazado vigorosamente por los confutadores católicos romanos; porque si hay una cosa que su Iglesia quiere guardar más que ninguna otra, es su sistema monástico. Querían defenderlo. Hicieron referencia a los votos en el Antiguo Testamento, tales como los hechos por los nazareos (cf Jue 13:5) y recabitas (cf Jer 35), y también refirieron a lo dicho por el Señor en Mt 19:12 con respecto a los que se hicieron eunucos por causa del reino de los cielos; también mencionaron la afirmación de San Pablo en 1 Co 7:38. Pero su apoyo máximo estaba en la santidad conocida de tales monjes como el Ermitaño, Basilio, Antonio, Benito, Bernardino, Domingo, Francisco y otros, quienes, por amor de Cristo, despreciaron todo el reino del mundo y todo el esplendor de la época.

El artículo comienza llamando la atención a los grandes abusos que a través del tiempo entraron en los monasterios. Un abuso era el de aceptar a muchachos muy jóvenes que no estaban en condiciones de realizar un voto perpetuo. Otro abuso era el de introducir a personas en esta clase de vida, sin que ellos se diesen cuenta de lo que estaban haciendo, y una vez que estaban dentro de los monasterios, se les obligaba a quedarse. Pero el abuso más grande era el excesivo valor que atribuyeron a estos votos, ensalzando esta manera de vivir como de más valor que el Bautismo y el Evangelio y considerando que, por esa vida monástica, se podría obtener el perdón de los pecados y la justicia que vale ante Dios. Esto constituía el carácter más ofensivo de la vida monástica.

El primer argumento

El primer argumento afirma que los votos no pueden abrogar las ordenanzas y mandamientos de Dios y por eso es lícito que cualquiera que no tenga el don especial de la continencia, se case, según la enseñanza de Pablo: "Pero por causa de la inmoralidad sexual, cada hombre debe tener su propia esposa y cada mujer su propio esposo" (1 Co 7:2). Para esto, no solamente tenemos el mandamiento de Dios sino también su creación y ordenanza: "No está bien que el hombre esté solo" (Gn 2:18).

El segundo argumento

Este argumento trata del hecho de que los adversarios, mientras que tengan mucho que decir a favor de los votos, guardan silencio sobre el punto principal, a saber, la naturaleza de un voto; si es en verdad posible hacer un voto, si es voluntario, si fue hecho después de la debida consideración y según la voluntad libre.

El tercer argumento

Aquí se afirma que, después de todo, los votos son solamente instituciones humanas, y, como tales, no pueden tener preferencia a los que Dios ha mandado directamente. Se puede aplicar aquí las palabras de Cristo: "No tiene sentido que me honren, si sus enseñanzas son mandamientos humanos" (Mt 15:9). Y especialmente cuando se representan los votos como algo que obtiene el perdón de los pecados y la justicia ante Dios y cosas semejantes, han de ser rechazados completamente por ser pecaminosos y por oscurecer la gloria que pertenece solamente a Cristo.

Artículo 28

DEL PODER ECLESIÁSTICO

Hubo grandes controversias sobre el poder de los obispos en las cuales algunos confundieron torpemente el poder eclesiástico y el poder de la espada. De esta confusión resultaron muy grandes guerras y tumultos, mientras los pontífices, envalentonados por el Poder de las Llaves, no sólo instituyeron nuevos cultos y cargaron las conciencias con la reservación de casos y excomuniones despiadadas, sino que también intentaron cambiar los reinos del mundo y quitar el imperio al Emperador. Hace mucho que estos excesos fueron reprendidos en la Iglesia por hombres píos y sabios. Por tanto, los nuestros, para aquietar las conciencias, se han visto en la obligación de mostrar la diferencia entre el poder eclesiástico y la potestad de la espada, y han enseñado que, por mandamiento de Dios, cada uno de los dos poderes debe ser escrupulosamente respetado y honrado como los beneficios más grandes de Dios en la tierra.

Así opinamos que el Poder de las Llaves o el poder de los obispos, según el Evangelio, es el poder o el mandamiento de Dios para predicar el Evangelio, remitir y retener los pecados y administrar los Sacramentos. Pues con este mandamiento mandó Cristo a sus apóstoles (Jn 20:21-23): "Entonces Jesús les dijo una vez más: 'La paz sea con ustedes. Así como el Padre me envió, también yo los envío a ustedes.' Y habiendo dicho esto, sopló y les dijo: 'Reciban el Espíritu Santo. A quienes ustedes perdonen los pecados, les serán perdonados; y a quienes no se los perdonen, no les serán perdonados.'" Mc 16:15: "Y les dijo: 'Vayan por todo el mundo y prediquen el evangelio a toda criatura.'"

Este poder se ejerce solamente enseñando y predicando la Palabra y administrando los Sacramentos, según la propia vocación, bien en público o individualmente; porque lo que se concede no son cosas corporales, sino cosas eternas, la justicia eterna, el Espíritu Santo, la vida eterna. Estas cosas no se producen sino por el ministerio de la Palabra y de los Sacramentos, como dice San Pablo (Ro 1:16): "No me avergüenzo del evangelio, porque es poder de Dios para la salvación de todo aquel que cree: en primer lugar, para los judíos, y también para los que no lo son." Por tanto, pues, porque el poder eclesiástico concede cosas eternas y es ejercido solamente por el ministerio de la Palabra, no es un obstáculo para el gobierno civil, como el arte de cantar no es jamás un obstáculo para la administración política. El gobierno civil trata de cosas distintas que el Evangelio. Los magistrados no defienden las mentes, sino los cuerpos y las cosas corporales contra daños manifiestos, y contienen a los hombres con la espada y penas corporales, a fin de preservar la justicia civil y la paz.

Por tanto, el poder eclesiástico y la potestad civil no deben ser confundidos. El poder eclesiástico tiene su misión particular de enseñar el Evangelio y administrar los Sacramentos. ¡Que no invada el oficio ajeno! ¡Que no cambie los reinos del mundo! ¡Que no abrogue las leyes de los magistrados! ¡Que no suprima la obediencia legítima! ¡Que no se atraviese en los juicios con respecto a ordenanzas o contratos civiles! ¡Que no imponga leyes a los magistrados con respecto a la forma de gobierno! Como dice Cristo (Jn 18:36): "Mi reino no es de este mundo." También (Lc 12:14): "¿Quién me ha puesto como juez o mediador entre ustedes?" Pablo dice (Fil 3:20): "Nuestra ciudadanía está en los cielos." (2 Co 10:4): "Las armas con las que luchamos no son las de este mundo, sino las poderosas armas de Dios, capaces de destruir fortalezas."

De esta manera los nuestros distinguen entre las obligaciones de estos dos poderes, y mandan que ambos sean honrados y reconocidos como don y favor de Dios.

Si los obispos tienen alguna potestad de la espada, la tienen no como obispos por mandato del Evangelio, sino por derecho humano, conferida por los reyes y emperadores para la administración civil de sus bienes. Ésta, empero, es función distinta de la del ministerio del Evangelio.

Por tanto, cuando se trata de la jurisdicción de los obispos, la autoridad civil debe ser distinguida de la jurisdicción eclesiástica. Además, según el Evangelio, o como dicen por derecho divino, ninguna jurisdicción pertenece a los obispos como obispos, quiere decir a quienes ha sido encomendado el ministerio de la palabra y de los Sacramentos, sino la de perdonar pecados; examinar la doctrina; rechazar las doctrinas que no son conformes al Evangelio; y excluir de la comunión de la Iglesia a los impíos cuya impiedad es manifiesta, y esto sin fuerza humana, simplemente por la Palabra. En esto las iglesias necesariamente y por derecho divino deben obedecerles, según Lc 10:16: "El que los escucha a ustedes, me escucha a mí." Pero cuando enseñan u ordenan algo contra el Evangelio, entonces las iglesias tienen un mandamiento de Dios que prohíbe la obediencia (Mt 7:15): "Cuídense de los falsos profetas." (Gl 1:8): "Pero si aun nosotros, o un ángel del cielo, les anuncia otro evangelio diferente del que les hemos anunciado, quede bajo maldición." (2 Co 13:8): "Nosotros nada podemos hacer contra la verdad, sino a favor de la verdad." También: Nos es dada potestad para edificación, y no para destrucción. Así también lo mandan los cánones (II. Q: VII. Cap., Sacerdotes, y Cap. Oves). Agustín dice (Contra Petiliani Epistolam): "No debemos someternos a los obispos católicos, si sucede que yerran u opinan en alguna cosa contra las Escrituras canónicas de Dios."

Si tiene alguna potestad o jurisdicción para juzgar en ciertos casos, como del matrimonio, o de los diezmos, la tienen por derecho humano; en estas cosas, a falta de los jueces ordinarios, los príncipes están obligados, aun contra su voluntad, a administrar justicia a sus súbditos, para el mantenimiento de la paz.

Además de esto, se disputa si los obispos o pastores tienen el derecho de instituir ceremonias en la Iglesia, o de promulgar leyes con respecto a comidas, fiestas, grados de ministros u órdenes. Los que atribuyen tal poder a los obispos, citan por testimonio a Jn 16:12-13: "Aún tengo muchas cosas que decirles, pero ahora no las pueden sobrellevar. Pero cuando venga el Espíritu de verdad, él los guiará a toda la verdad; porque no hablará por su propia cuenta, sino que hablará todo lo que oiga, y les hará saber las cosas que habrán de venir." Citan también el ejemplo de los apóstoles (Hch 15:20), donde mandaron abstenerse de sangre y de lo sofocado: "Sino que los instruyan para que se aparten de la idolatría, del libertinaje sexual, del comer carne de animales ahogados, y de comer sangre." Citan el sábado, convertido en el día domingo contra el Decálogo, según dicen. Y no hay otro ejemplo que aprovechan más que la substitución del sábado. Sostienen que la potestad de la Iglesia es la más grande por cuanto ha dispensado de un mandamiento del Decálogo.

Pero sobre esta cuestión los nuestros enseñan que los obispos no tienen poder para establecer cosa alguna contra el Evangelio, como queda expuesto. Lo mismo enseñan los cánones (Dist. IX). Además, es contra la Escritura establecer tradiciones y exigir su observación, para que, por ella, hagamos satisfacción por los pecados, o merezcamos gracia y justicia. Pues es una injuria para la gloria del mérito de Cristo el intento de merecer la justificación por tales observancias. Es además evidente que, a causa de esta persuasión en la Iglesia, las tradiciones se multiplicaron casi infinitamente, a la par que quedaba desconocida la doctrina de la fe y de la justicia de la fe; pues gradualmente se fueron instituyendo muchas fiestas, fueron decretados ayunos, nuevas ceremonias y nuevos honores a los santos, porque los autores de tales cosas pensaban que merecían la gracia por estas obras. En esta forma, en los tiempos pasados, los cánones penitenciales se multiplicaron, de los cuales vemos algunos vestigios en las satisfacciones.

Los autores de las tradiciones obran también contra el mandamiento de Dios, cuando hacen consistir el pecado en comidas, en días y cosas semejantes, y cargan la Iglesia con la servidumbre de la Ley, como si fuera necesario entre los cristianos un culto similar al levítico para alcanzar la justificación, la disposición del cual Dios hubiera encomendado a los apóstoles y obispos. Pues algunos de ellos escriben de modo tal, y sus pontífices proceden de tal forma que parecen haber sido engañados por el ejemplo de la Ley mosaica. De ahí provienen tales obligaciones como enseñan, por ejemplo, que es pecado mortal el trabajo manual en días de fiesta, aunque se haga sin mal ejemplo de otros; que es pecado mortal omitir las horas canónicas; que ciertas comidas manchan la conciencia; que los ayunos son obras que aplacan a Dios; que el pecado, en un caso reservado, no puede ser remitido sin la autoridad del que le reservó; mientras que hasta los mismos cánones hablan, no de la reservación de la culpa, sino de la reservación de la pena eclesiástica,

¿De dónde sacan los obispos el derecho de imponer estas tradiciones a las iglesias para enlazar las conciencias, sabiendo que Pedro (Hch 15:10), prohíbe imponer yugo a los discípulos, mientras San Pablo dice (2 Co 13:10) que la potestad que le fue dada era para edificación y no para destrucción? ¿Por qué, pues, multiplican los pecados por estas tradiciones?

Pero existen testimonios claros que prohíben fabricar tales tradiciones para merecer la gracia, o afirmar que son necesarias para la salvación. Pablo dice (Col 2:15-17): "Desarmó además a los poderes y las potestades, y los exhibió públicamente al triunfar sobre ellos en la cruz. No permitan, pues, que nadie los juzgue por lo que comen o beben, o en relación con los días de fiesta, la luna nueva o los días de reposo. Todo esto no es más que una sombra de lo que está por venir; pero lo real y verdadero es Cristo." También: "Si con Cristo ustedes han muerto a los principios de este mundo, ¿por qué, como si vivieran en el mundo, se someten a sus preceptos? Les dicen: 'No tomes eso en tus manos, no pruebes aquello, y ni siquiera lo toques.' Esos preceptos se ciñen a mandamientos y doctrinas humanas, y todas ellas son cosas que se destruyen con el uso. Sin duda, tales cosas pueden parecer sabias en cuanto a la religiosidad sumisa y el duro trato del cuerpo, pero no tienen ningún valor contra los apetitos humanos" (Col 2:20-23). También en Tit 1:14 San Pablo prohíbe abiertamente las tradiciones: "No atiendan a fábulas judaicas, ni a mandamientos de hombres que se apartan de la verdad."

Cristo (Mt 15:14) dice de aquellos que exigen las tradiciones: "Déjenlos, pues son ciegos que guían a otros ciegos"; y repudia tales cultos: "Toda planta que mi Padre celestial no ha plantado, será arrancada de raíz" (Mt 15:13).

Si los obispos tienen derecho de cargar las iglesias con innumerables tradiciones y de engañar las conciencias ¿por qué prohíben las Escrituras, tantas veces, hacer y oír las tradiciones? ¿Por qué las llaman doctrina de demonios? (1 Ti 4:14) ¿Amonestó en vano el Espíritu Santo con respecto a estas cosas?

En vista de que las ordenanzas instituidas como necesarias y como medio de merecer la gracia, son contrarias al Evangelio, resulta que no es permitido a los obispos instituir o exigir tales cultos. Pues es necesario que la doctrina de la libertad cristiana sea preservada en las iglesias, a saber, que la servidumbre de la Ley no es necesaria para la justificación, como está escrito en Gl 5:1: “No se sometan otra vez al yugo de la esclavitud.” Necesario es que el artículo principal del Evangelio sea preservado, es decir, que obtenemos la gracia gratuitamente por la fe en Cristo, y no por ciertas observancias o por cultos instituidos por hombres.

¿Qué hemos de opinar, pues, del día domingo y de similares ritos en los templos? A eso respondemos, que es permitido a los obispos o pastores hacer ordenanzas para que las cosas sean hechas con orden en las iglesias; no para que por ellas merezcamos la gracia o hagamos satisfacción por los pecados, o que las conciencias sean obligadas a considerarlas como cultos necesarios, o pensar que es pecado violarlas aun cuando no se dé mal ejemplo a otros. Así ordena San Pablo que los intérpretes en la congregación sean oídos en orden (1 Co 14:30).

Es conveniente que, a fin de conservar la caridad y la tranquilidad, se observen tales ordenanzas siempre y cuando no se dé escándalo, para que todo en la Iglesia se haga decentemente y con orden (1 Co 14:40; Fil 2:14); pero de tal manera que las conciencias no se carguen con el pensamiento que son necesarias para la salvación, o crean que cometen pecado cuando las violan sin escándalo de los demás; como nadie diría que una mujer peca porque se muestra públicamente con la cabeza descubierta, siempre y cuando esto no suceda con mal ejemplo.

Tal es la observancia del día del Señor, de la Pascua, de Pentecostés y similares fiestas y ritos. Pues los que opinan que la observancia del día del Señor fue instituida por la autoridad de la Iglesia en lugar del sábado, como una observancia necesaria, yerran mucho. Las Escrituras abrogaron el sábado, porque enseñan que todas las ceremonias mosaicas pueden ser omitidas desde que fue revelado el Evangelio. Sin embargo, se puede creer que la necesidad de fijar un día determinado para que el pueblo supiera cuando debía congregarse con los hermanos, movió a la Iglesia para designar el día del Señor (primer día de la semana y fundamentalmente resurrección del Señor) a este propósito; y parece que esta designación se debe, ante todo, a la causa adicional de que los hombres tuvieran un ejemplo de libertad cristiana, y supiesen que ni la observancia del sábado ni de algún otro día era necesaria.

Se originan disputas enconadas sobre la alteración de la Ley, las ceremonias de la nueva ley, la substitución del día de reposo, todas las cuales surgieron de la errónea creencia que, en la Iglesia, debe haber un culto parecido al levítico, y que Cristo encomendó a los apóstoles y obispos idear nuevas ceremonias necesarias para la salvación. Estos errores se insinuaron en la Iglesia cuando la justicia de la fe no era enseñada con claridad. Algunos sostienen que la observancia del día del Señor, bien que no es de derecho divino, es casi de derecho divino; respecto a las fiestas prescriben hasta dónde es lícito trabajar. ¿Qué son estas disputas, sino lazos de las conciencias? Pues aunque intentan suavizar las tradiciones, sin embargo, esta atenuación nunca podrá ser real mientras permanezca la opinión sobre su necesidad, la cual necesariamente subsistirá donde no se conocen la justicia de la fe y la libertad cristiana.

Los apóstoles mandaron abstenerse de sangre (Hch 15:20). ¿Quién lo observa ahora? Sin embargo, no pecan aquellos que no lo observan, pues ni los mismos apóstoles quisieron cargar las conciencias con tal servidumbre, sino que la prohibieron por un tiempo para evitar escándalo. Pues en este decreto siempre hemos de considerar cuál es el fin del Evangelio.

Apenas algunos cánones son mantenidos con exactitud, y diariamente muchos son olvidados también entre aquellos que defienden las tradiciones diligentemente. Tampoco se puede tener cuidado de las conciencias si no se tiene la ecuanimidad que lleva a saber que los cánones son mantenidos sin tenerlos por necesarios, y que las conciencias no son lesionadas aunque las tradiciones sean olvidadas.

Pero fácilmente los obispos podrían retener la legítima obediencia del pueblo, si no insistiesen en la observancia de las tradiciones que no pueden ser mantenidas en buena conciencia. Ahora imponen el celibato; y no aceptan a ninguno, si no jura que no enseñaría la doctrina pura del Evangelio. Las iglesias no piden que los obispos restablezcan la concordia a costa de su honor; lo cual, sin embargo, sería conveniente que hiciera todo buen pastor. Sólo piden que se eximan de cargas injustas, las que son nuevas y fueran establecidas contra la costumbre de la Iglesia cristiana universal. Quizá en su principio hubo razones, en parte aceptables, para algunas de estas ordenanzas; no obstante, no se adaptan a los tiempos posteriores. También está a la vista que algunas fueron adoptadas por error. Por eso sería digno de la clemencia de los pontífices suavizarlas ahora, porque este cambio no debilita la unidad de la Iglesia. Pues muchas tradiciones humanas han sido modificadas con el tiempo, como lo demuestran los mismos cánones. Pero si fuera imposible conseguir la mitigación de aquellas observancias que no pueden ser guardadas sin pecado, entonces estamos obligados a seguir la regla apostólica que manda obedecer más a Dios que a los hombres (Hch 5:29).

Pedro prohíbe a los obispos tener señorío y mandar en la Iglesia (1 P 5:3). Ahora no tratamos de arrebatar el gobierno de los obispos, sino que únicamente pedimos que admitan enseñar el Evangelio en toda su pureza y que no obliguen al cumplimiento de algunas pocas observancias que no pueden ser guardadas sin pecado. Pero si no suavizan nada, ellos verán la cuenta que han de dar a Dios de que por su obstinación dieron motivo para el cisma.

Exposición del Dr. Little

Este último artículo trata fundamentalmente del error de la Iglesia Católica Romana, a saber, su concepto, de la Iglesia, como poder gobernador, con sus dirigentes y súbditos. Los confutadores combatieron, reciamente, la enseñanza de este artículo, haciendo muchas afirmaciones con respecto a las prerrogativas de los obispos con sus poderes gubernativos y disciplinarios; pero presentaron muy pocas pruebas para esto. Los únicos textos bíblicos que citaron, como argumentos, eran algunos del apóstol Pablo donde habla de su autoridad y donde redarguye y da indicaciones en cuanto a cómo proceder en acusar a los ancianos. Estos textos son: 2 Co 10:8; 13:10; 1 Co 4:21; y 1 Ti 5:19. Nuestro Artículo presenta: 1) Una declaración sobre los abusos que han aparecido; 2) Una definición de las distintos ámbitos de la Iglesia y el Estado; y 3) Un bosquejo de los poderes pertenecientes a los obispos.

Declaración sobre los abusos

Aquí queda indicado que las grandes controversias que han sido provocadas a consecuencia de la mezcla, o sea el intercambio, de los poderes de la Iglesia y el Estado, dieron como resultado muchos males. De esta confusión se han originado innumerables guerras y alteraciones; las conciencias de los hombres han sido afligidas por excomuniones violentas; reyes del mundo han sido depuestos, reinos transferidos de uno a otro, y emperadores han sido despojados en sus legítimos poderes y autoridad. Estos abusos, ya muy criticados por hombres eruditos y piadosos, provocaron este artículo, que da consuelo a las conciencias por demostrar que tanto la Iglesia como el Estado, cada uno en su debida esfera, han de ser reverenciados como institución divina que reparte bendiciones a los hombres.

Definición de las esferas

Esta definición tiene que ver con la distinción entre el poder que pertenece al estado y el que pertenece a la Iglesia. El poder civil se apoya en la fuerza. Es el poder de la espada y es poder temporal y del mundo, y como tal, puede y es administrado en los países no cristianos. Por otro lado, la Iglesia no es reino de este mundo. Su única autoridad es la del Evangelio y su único objeto es el de rescatar a los hombres de la muerte eterna y de la condenación causada por el pecado. El Señor Jesucristo, la cabeza de la Iglesia, no proveyó, a su Iglesia, ningún otro poder además del de predicar el Evangelio, administrar los sacramentos y perdonar o retener los pecados. Por lo tanto, la Iglesia no puede entrar en conflicto con el gobierno civil que se ocupa de otro orden de cosas absolutamente distintas; a saber, de los cuerpos de los hombres y cosas materiales, tales como las necesarias para mantener la justicia civil, paz y orden. Estos dos poderes quedan claramente diferenciados en la Palabra de Dios y nunca deben ser mezclados, confundidos, combinados o hechos idénticos. Sobre la cuestión del poder de la Iglesia, merece recordarse de estos textos:

"Respondió Jesús: 'Mi reino no es de este mundo. Si mi reino fuera de este mundo, mis servidores lucharían para que yo no fuera entregado a los judíos. Pero mi reino no es de aquí'" (Jn 18:36); "Pero nuestra ciudadanía está en los cielos, de donde también esperamos al Salvador, al Señor Jesucristo" (Fil 3:20); "Las armas con las que luchamos no son las de este mundo, sino las poderosas armas de Dios, capaces de destruir fortalezas" (2 Co 10:4). El poder peculiar del Estado queda identificado por Pablo en Ro 13:1-7. Cada uno de estos poderes ha de ser honrado y reconocido como don y bendición de Dios, cada uno en su esfera bien delimitada.

El poder de los obispos

El artículo declara que los obispos a quienes han sido entregados los medios de gracia, no tienen otra jurisdicción aparte de remitir pecados, escudriñar la doctrina y rechazar lo que no está de acuerdo al Evangelio y de excluir a los pecadores manifiestos e impenitentes de la comunión eclesiástica. En estos asuntos hay que rendirles obediencia según lo dicho por Cristo: "El que los escucha a ustedes, me escucha a mí. El que los rechaza a ustedes, me rechaza a mí; y el que me rechaza a mí, rechaza al que me envió" (Lc 10:16). Pero cuando el obispo obra en contra del Evangelio, Cristo prohíbe obedecerle. Cualesquiera que sean los otros poderes o jurisdicciones que tenga el obispo, los ejerce no por derecho divino sino por derecho humano.

Otro punto en controversia era el derecho de los obispos de establecer ceremonias y hacer leyes con respecto a los días santos y las órdenes del clero. Se concede en seguida, que la Iglesia, según su libertad cristiana, tiene el derecho de proveer por el orden y la paz en la congregación en tales asuntos como la observación del Día del Señor, de Pascua de resurrección, Pentecostés y otros días y ritos eclesiásticos.

Pero cuando los adversarios citan como ejemplo del gran poder de la Iglesia el hecho de que ella convirtió el Día de Reposo en el Día del Señor, tenemos que acordarnos que el domingo no toma el lugar del Día de Reposo del Antiguo Testamento, tampoco es su sustitución. Esto no es ejemplo de la autoridad de la Iglesia porque no es la Iglesia sino que es la Escritura misma la que abroga el Día de Reposo. Este hecho queda fuera de toda duda al interpretar las palabras de San Pablo: "No permitan, pues, que nadie los juzgue por lo que comen o beben, o en relación con los días de fiesta, la luna nueva o los días de reposo. Todo esto no es más que una sombra de lo que está por venir; pero lo real y verdadero es Cristo" (Col 2:16-17). Para decir la verdad, el día del Señor fue ordenado solamente para mantener buen orden, y un día especial para adorarlo en la congregación de los justos, "Para que los hombres tuvieran un ejemplo de la libertad cristiana y supiesen que no es necesario el guardar ni el sábado ni otro día alguno."

Conclusión

Éstos son los principales artículos sobre los que parece haber controversia. Pues aunque pudiéramos hablar de otros abusos, sin embargo, para evitar la redundancia, nos hemos concretado a los principales, por los que pueden ser fácilmente juzgados los demás. Grandes discusiones ha habido con respecto a las indulgencias, a las peregrinaciones, al abuso de la excomunión. Las parroquias fueron vejadas por traficantes de indulgencias. Hubo innumerables disputas entre los pastores y los frailes sobre el derecho parroquial, sobre las confesiones, sobre inhumaciones, sobre sermones extraordinarios, y sobre otras innumerables cosas. Hemos pasado por alto estas disputas, para que los principales puntos de esta materia, brevemente propuestos, puedan ser más fácilmente conocidos. Nada ha sido dicho o aducido para contumelia de ninguno. Solamente han sido detalladas aquellas cosas de las cuales nos parecía necesario hablar, para que se pudiera entender que en doctrina y ceremonias nada ha sido aceptado entre nosotros contra las Escrituras o contra la Iglesia cristiana universal; pues es manifiesto que nosotros hemos tenido cuidado de que ninguna doctrina nueva e impía se insinuase en nuestras iglesias.

Conforme al edicto de Vuestra Majestad Imperial hemos querido presentar los artículos, arriba escritos, para manifestar nuestra confesión y dar a conocer la suma de la doctrina de nuestros doctores. Si hubiere en esta confesión algo que alguno deseara aclarar, estamos dispuestos a presentar una información más amplia conforme a las Escrituras, si Dios quiere.
De Vuestra Majestad Imperial fieles súbditos:

Juan, Duque de Sajonia, Elector
Jorge, Margrave de Brandenburgo
Ernesto, Duque de Luneburgo
Felipe, Landgrave de Hesse
Juan Federico, Duque de Sajonia
Francisco, Duque de Luneburgo
Wolfgang, Príncipe de Anhalt
Senado y Magistrado de Nüremberg
Senado de Reutlingen.

La Confutación papal de la Confesión de Augsburgo, presentada el 3 de agosto de 1530, cuya copia fue negada a los protestantes.

CONFUTACIÓN

Compuesta por los teólogos papistas o sea la refutación de los artículos de la Confesión entregada en Augsburgo por el elector de Sajonia y sus correligionarios y leída públicamente en la presencia de Su Majestad Imperial y ante los electores, los príncipes y otros estados del Imperio Romano, el 3 de agosto de 1530.

Introducción histórica[47]

La reacción que la lectura de la Confesión causó, en los oyentes, era como la causada por el sol, a unos los endureció y a otros los ablandó, empero todos reconocieron que era de suma urgencia, para el bienestar del Imperio, que se arreglase el cisma en la fe suscitado entre ellos. El emperador mismo era, tal vez, el más sensible a esa necesidad, porque él podría prevenir que se debilitasen su poder político y su prestigio imperial, tanto en Alemania como fuera de ella, solamente por medio de una reconciliación de los dos partidos. Era todavía posible hacerlo, si los opositores romanos habrían aceptado los consejos de los más capacitados entre ellos mismos, y si la jerarquía romana habría decidido realizar la reforma, desde la cabeza hasta los pies, nuevamente sugerida por los cien cargos de la nación alemana y por varios concilios, entonces ciertamente hubiera quedado unida la cristiandad occidental. Pero esa oposición no quiso saber nada del buen consejo que las distintas dignidades católicas entregaron al emperador, a su pedido, el 27 de junio, a saber: dejar examinar por parte de personas comprensibles, honradas y sin rencores, la Confesión de los evangélicos y aceptar lo que está de acuerdo al Evangelio, a la Palabra de Dios y la Iglesia cristiana, y lo que no es así, refutarlo con la Palabra de Dios y ponerlo de acuerdo al sentido correcto cristiano.

47 cf. Die syrnbolischen Bücher der cvangelisch lutherischcn Kirche, von J. T. Müller, Gütersloh, 1890, pp. LXXX - LXXXII.
Real Encyklopädie für protestantische Theologie und Kirche, von Dr. Herzog, Hamburg, 1854, I, p. 608.
Kurzgefaszte Reforrnations Geschichte aus des Hrn. Veit Ludwigs von Seckendorf Historia Lutheranismi, von Cristián Federico Junius, Baltimore, Md.; A. Schlitt, 1865, p. 370.

El Dr. Jonas escribió a Lutero: "Faber se pone furioso como endemoniado y Eck no hace mejor. Con todo su poder insisten en que se prosiga contra nosotros con la fuerza y que no se permita primeramente examinar el asunto".

Al mismo tiempo se preguntó a los evangélicos si ellos pensaban agregar algo más todavía, pues sería conveniente incluir todo en una sola consideración y moción. Ahora empezaron en serio las maquinaciones de los teólogos romanos, especialmente los legados papales y sus acólitos, que opinaban no entrar en otras disputaciones, mas querían llevar el asunto a término por medio de la fuerza si era necesario.[48]

Es cierto que estos propugnadores de la fuerza no lograron realizar sus malos consejos, pero tampoco podían los de ánimo honrado hacer valer sus buenas medidas; al contrario, finalmente se llegó a la conclusión de que el emperador, por propia autoridad, mandaría redactar una confutación de la Confesión, la haría leer al elector de Sajonia y a sus correligionarios, y luego el emperador decidiría todo el asunto según su buena opinión.

Obediente a esta decisión, los teólogos romanos recibieron, el 27 de junio, el encargo de redactar una refutación. Los principales entre ellos eran Juan Eck, canónigo del rey Fernando en Ratisbona, Juan (Schmid) Faber, 1479-1541, Probst de Ofen y predicador de la corte real; Juan Cochläus, predicador de la corte del duque Jorge; Agustín Marius, obispo auxiliar de Wurzburgo; Conrado Wimpina de Fráncfort del Oder, quien escribió para Tetzel los discursos finales contra Lutero; Conrado Colli, prior del convento de predicadores de Colonia, quien escribió contra el matrimonio de Lutero y por eso fue glorificado por Reuchlin en su eep. obscur. viror.; Medrado, de los carmelitas descalzos y predicador del rey Fernando, a quien Erasmo tacha en sus "Colloquios" y Juan Dietenberger.

Desde luego se pusieron de acuerdo y se ocuparon en redactar la confutación. Mientras tanto, el cardinal Campegio les hizo llegar una opinión de Erasmo, según la cual éste exhortó especialmente que

---

48 cf. Las opiniones de Melanchton y de Jonas en las cartas a Lutero, en Corpus Reformatorum, II, 741.744 ss. 752-766. En Seckendorf, II sección 29 y LXVI; en Salig.. 1, p. 229 ss.; en Cyprián, p. 187; en Müller, p. 554.
Entre los obispos, especialmente Alberto de Maguncia y Stadión de Augsburgo, se opusieron a usar medidas de fuerza, y declararon a los propugnadores de la fuerza que "si éstos no querían obrar de otra manera, entonces ellos también querían separarse y no quedar más allí".
En cuanto a la pregunta dirigida a los evangélicos, contestó el elector de Sajonia, según el consejo de sus teólogos que vieron una trampa en esta pregunta: que no consideraban necesario presentar más artículos, aunque en la Confesión solamente empezaron a tocar los abusos, que les pesaban especialmente sobre la conciencia, y que pasaron por alto muchos otros abusos por benevolencia y para no despertar odios mayores. cf. Chyträus, p 85 ss.; Cölestin, II, p. 210

prosiguiesen con precaución y apoyó a los protestantes en cuanto al matrimonio de los sacerdotes, los votos monásticos y la Santa Cena bajo dos especies.

El 12 de julio hicieron la primera presentación. Juntaron una multitud de textos bíblicos contra Lutero y su doctrina y unos artículos aislados contra la Confesión, pero su idea general quedó reducida a una miseria, de tal suerte que el emperador mismo, enojado, rompió el trabajo presentado y este tenía que ser redactado por cinco veces de nuevo hasta que parecía más o menos adecuado. Demoró hasta la tarde del 3 de agosto, cuando finalmente la nueva edición, la llamada Confutación, pudo ser leída, en idioma alemán, por el secretario privado del emperador, Alejandro Schweisz, en el mismo salón, donde fue presentada la Confesión, ante las distintas dignidades imperiales.[49]

Esta Confutación en su desarrollo seguía el texto en latín de la Confesión de Augsburgo, y como ésta, la Confutación también fue redactada en latín y en alemán, de modo que se agregaba una refutación a cada artículo, rechazando en parte o completamente al artículo, o en algunos casos, aceptándolo en parte o completamente. Apoyaron sus pruebas en el testimonio de los padres de la Iglesia, en los decretos de los concilios, en los cánones y en las proposiciones y enseñanzas de la Iglesia romana, en primer lugar, y luego hicieron uso también, aunque insuficiente, de las Sagradas Escrituras.

Una aceptación completa fue expresada con referencia a los artículos 1, 3, 8, 9, 16, 17, 18 y 19. Fueron aceptados en parte, es decir, con la adición de los dogmas específicamente romanos del pecado original, del mérito de las obras buenas, de la satisfacción y de las disposiciones canónicas, de la insuficiencia de la fe para la justificación, los artículos 2, 4, 5, 6, 10, 11, 12, 13, 14 y 15; con la suplemento especial de la transubstanciación en el artículo 10, la doctrina de la confesión auricular en el artículo 11, y los siete sacramentos en el artículo 13. Fueron rechazados completamente los artículos 7, 20 y 21, como también la segunda parte de la Confesión, la de los abusos, pero fue reconocido que existían abusos en la Iglesia, especialmente entre los clérigos, y se expresó el deseo de mejorar este estado de cosas. Al fin, el emperador todavía expuso a los evangélicos que él esperaba la aprobación por parte de todos ellos, y que, en caso contrario,

---

49 Spalatin, Annal, p. 184: "La primera vez hubo 280 hojas, pero Su Majestad Imperial debió haberlos sacudido y girado tanto que no quedaron más de doce hojas. Según dicen, esto dejó a Eck enojado y afligido". Jonas a Lutero (Fortgs. Samml. von alten und neuen Theol. Sachen, 1745, p. 1): dixit nobis Reginae Mariae sacellanus, quod quinquies emendarint, fuderint et refuderint, cuderint et recuderint, et tamen farrago tándem nata est infornis et confusanea et mixtura, quasi iura piura confundat coquus.

como máximo gobernador y defensor de la Iglesia, él estaría obligado a adoptar otras medidas.

Al mismo tiempo, el emperador sentía que la Confutación, aun en su edición mejorada, era todavía demasiado pobre,[50] y por eso negó a los evangélicos la copia solicitada. Tampoco quería aceptar la réplica de los evangélicos, la apología, editada por Melanchton en unión con algunos otros teólogos, a pedido de los príncipes.

Al fin, el 5 de agosto, el emperador cedió y prometió entregar a los evangélicos una copia de la Confutación, si ellos prometiesen no publicarla y no escribir en contra de ella y aceptarla en todos los puntos. Los evangélicos vieron en esta maniobra solamente la tentativa de salvar las apariencias, porque jamás podrían ellos aceptar estas condiciones, a pesar de que el emperador también adujo, como razón importantísima, esto de que debía evitarse que se burlaren y mofaran de ella. Brück se expresa muy señaladamente sobre esta maniobra[51]: Pero la práctica de los adversarios, al ofrecer esa copia, era hacer como el zorro que invitó a la cigüeña, y le dio de comer en un plato ancho y playo, para que no pudiese alzar la comida con su pico largo; de esta manera se hizo, también, para con los cinco electores, los príncipes y las ciudades, concediéndoles la copia solicitada, pero de tal manera que no podrían aceptarla sin herir su honor hasta que les daba miedo. Aparte de esto, más tarde otras copias entraron en manos de los evangélicos.

Además del breve compendio del contenido de la Confutación que Cochläus dejó imprimir, poco después de la Dieta de Augsburgo, apareció por primera vez, en Colonia, en 1573, el primer texto completo en latín, en la obra de Andrés Fabricius Leodius, harmonia confessionis Augustanse doctrinae evangelicae consensum declarante.[52] Luego fue publicado por David Chyträus en latein. Historie der A. Conf, p. 175 ss.,[53] siguiendo un manuscrito que recibió de Erasmo Ebner de Nuremberg. Otras ediciones son: la de Miguel Weber, publicada bajo el título Responsio ad Confessionem August. Pontificia cet., Viteb., 1810; la copia latina del príncipe Wolf que en 1890 todavía estaba en Dessau; la de Juan Müller, explicatio Augustanae confessionis; la de Felipe Müller, concordia; y la que se halla en el apéndice de la obra de Pfaff, lib. symbolic. ecclesiae evangelicae, p. 7.

---

50 Philip Schaff, The Creeds of Christendom, New York, Harper & Bros, 6 Ed., 1, p. 243: "Según la opinión de los eruditos, esta confutación hizo más daño que beneficio a la causa del papado".

51 Archiv etc., en Försternann, p. 74.

52 También se halla en Coelestin., Hist. comitiorum 1530 Augustae celebr., Francof., 1597, Tomo III, pp. 1-17.

53 Historia latina de la Confesión de Augsburgo.

Una traducción alemana apareció en 1576. Era obra del pastor Gelmer Memorimontius, predicador en Rostock. Usó el texto en latín que David Cryträus publicó en su historia de la Confesión de Augsburgo, Rostock, 1576, p. 270. Pero otra traducción alemana ya apareció en 1572 y más tarde fue publicada en Brill auf den Evangelischen Augapfel, d. i., Refutation deren im Augapfel Augspurgischer Confession gesetzester Articul, Kayser Carolo V. und den katholischen Ständen a. 30. und resp. 52. zu Augsp. von den kath. Theologis übergeben durch Andr. Fabricium, 1629.[54] Weber, krit. Geschichte der A.C., II, p. 439 ss.,[55] usa una copia en alemán que provino del manuscrito original guardado en el archivo imperial de Maguncia. La copia fue legalizada con la debida firma y fue publicada, después de su muerte, por Cristián Godofredo Müller en su Formula Confutationis Aug. Conf., Leipzig, 1805.

Hasta el tiempo de Weber se aceptó equivocadamente que el texto alemán había aparecido por primera vez en 1572 y desde entonces, fue impreso muchas veces. Pero ese texto era una traducción del texto en latín de Andrés Fabricius Leodius. Además, este texto fue enmendado mucho por el editor católico-romano, y por eso se puede hablar de la Confutación variata.

El mejor texto de la Confutación en latín y en alemán con todos los variantes, se halla en Corpus Reformatorum, editado por Bindseil; Brunsviga, 1859, pp. 646 ss.[56]

El texto que forma la base de esta traducción española es el texto alemán que aparece en Dr. Martin Luthers Sämmtliche Schriften, von Juan Jorge Walch, edición de St. Louis, Mo., 1907, Tomo XVI, 1026-1063.

Prefacio

¡Su Majestad Imperial, nuestro clementísimo señor! Cuando Usted en el curso de estos últimos días recibió una Confesión de fe por mediación del elector de Sajonia y algunos príncipes y dos ciudades, entregada con la firma de sus nombres, Su Majestad Imperial, como quien desea y anhela ardientemente con ánimo y fervor cristianos la gloria del bondadoso y todopoderoso Dios, la salvación de almas, la unicidad y comunidad cristianas para la tranquilidad, la gloria, la unión y el bienestar de toda la nación alemana, no solamente leyó la confesión, y, en cuanto era

54 También apareció en Catholischen Oculist und Starenstecher.
55 Historia crítica de la Confesión de Augsburgo.
56 Así opina Philip Schaff, op. cit., p. 243.

necesario, la examinó diligentemente, sino que también, a fin de que Su Majestad Imperial prosiguiese tanto más detenida y valientemente, como conviene hacerlo en asuntos tan importantísimos, atendió con toda diligencia este asunto de suma importancia, y entregó esta misma Confesión a varios hombres doctos, sabios, probados y honrados, de varios países, para que la revisasen y la examinasen, y seriamente mandó y encomendó a ellos para que reconociesen y alabasen como bueno lo que encontraran expresado católica y correctamente en la Confesión, y por otro lado, que indicasen también lo que en ella no concordara con la Iglesia católica, y que después presentasen su contestación y opinión a Su Majestad Imperial. Esto ha sucedido muy correcta y ordenadamente, pues, con toda diligencia y fidelidad ellos han leído desde el principio hasta el fin dicha Confesión y han expresado por escrito su opinión en cuanto a cada artículo, y por lo tanto, han presentado su contestación a Su Majestad Imperial. Esta contestación, como conviene a un emperador cristiano, Su Majestad Imperial ha leído desde el principio hasta el fin lo más diligentemente, y la ha entregado a los demás electores, príncipes y estados del Imperio Romano para que, a su vez, la leyesen y la examinasen. También ellos han reconocido y comprobado que esta contestación, siendo correcta y católica, concuerda completamente con el Evangelio y la Sagrada Escritura. Por lo tanto, Su Majestad Imperial, habiendo consultado con los mencionados electores, príncipes y estados, mandó que sea leída la contestación en presencia de ellos, para que se pusiese fin a toda desunión y mal entendimiento en cuanto a nuestra santa y auténtica fe y religión cristianas.

En cuanto a los artículos referentes a los asuntos de nuestra santa fe cristiana, entregados a Su Majestad Imperial romana por el elector de Sajonia y algunos príncipes y ciudades, sea esta la contestación cristiana dada a ellos.

Confutación I

Primero: Considerando que (los luteranos) en el primer artículo, confiesan la unidad de la esencia divina en tres personas, según el dictamen del Concilio de Nicea, esta confesión debe ser aceptada, porque concuerda completamente con la regla de fe y con la Iglesia romana. Pues el Concilio de Nicea, reunido bajo la dirección del Emperador Constantino Magno, siempre ha sido considerado ecuménico (*ganz rein und heilig*) y, reunidos allí los 318 obispos, reconocidos por ser doctísimos, de vida santa y mártires, después de escudriñar diligentemente las Sagradas Escrituras, definieron y aprobaron este artículo de la unidad de la esencia divina y de las tres personas, artículo que ellos (los luteranos) aquí confiesan.

También debe ser aprobado, que ellos (los luteranos) condenan toda herejía dirigida contra este artículo: a los maniqueos, arrianos, eunomianos, valentinianos y samosatenses, pues, a éstos, la Santa Iglesia Católica ya ha recomendado.

Confutación II

Sin duda, el segundo artículo de la confesión afirma que ellos, en unión con la Iglesia católica, confiesan que el pecado original verdaderamente es pecado que condena y trae la muerte eterna a todos los que no son regenerados por el Bautismo y el Espíritu Santo. Pues ellos, con razón, condenan a los antiguos y nuevos pelagianos, a quienes la Iglesia condenó ya hace mucho. Pero la exposición del artículo afirma que el pecado original consiste en que el hombre nace sin temor de Dios y sin fe en Dios, y ha de ser rechazado completamente, porque cada cristiano sabe que el estar sin temor de Dios y sin fe en Dios, es más bien pecado actual de los adultos que defecto de un niño recién nacido, que todavía no tiene el uso de la razón. Asimismo dice Dios a Moisés: "Vuestros hijos que no distinguen hoy todavía entre el bien y el mal" (Dt 1:39).[57]

También rechazamos la explicación de que el pecado original es la concupiscencia (die böse Lust). Tanto creen que es pecado la concupiscencia que, aun después del Bautismo, queda en los niños este pecado. Ya hace mucho que, desde la silla apostólica (el papado), fueron condenados estos dos artículos de Martín Lutero: el segundo y el tercero sobre el pecado, que éste queda en el niño después del Bautismo, y que es como la yesca (Zunder) que puede encenderse y vedar al alma la entrada al cielo. Pero si ellos, de acuerdo con la opinión de San Agustín, sólo llamasen concupiscencia al pecado original, que, sin embargo, deja de ser pecado en el Bautismo, entonces se debería aceptar la explicación. Pues también según la opinión de S. Pablo, Efe. 2:3: nacimos todos "hijos de ira"; y en Adán "todos habían pecado" (Ro 5:12).

---

57 Textos de la Biblia citados según la versión de Nacar-Colunga.

Confutación III

En el tercer artículo no hemos encontrado nada digno de nota, pues concuerda completamente con el Credo Apostólico y con la verdadera regla de fe, a saber: que el Hijo de Dios se hizo hombre, asumió en unión personal la naturaleza humana, nació de la Virgen María, verdaderamente padeció, fue crucificado, muerto, descendió al infierno, al tercer día resucitó de entre los muertos, subió a los cielos y está sentado a la diestra de Dios.

Confutación IV

Del artículo cuatro aceptamos por ser católico y en armonía con los antiguos concilios, que sean condenados los pelagianos que sostenían que el hombre, aparte de la gracia divina, puede alcanzar la vida eterna por medio de sus propias fuerzas. He aquí lo que las Sagradas Escrituras testifican expresamente: En Juan 3:27, dice Juan el Bautista: "No debe el hombre tomarse nada, si no lo fuere dado del cielo"; Stg 1:17: "Todo buen don y toda dádiva perfecta viene de arriba, desciende del Padre de las luces"; 2 Co 3:5, "No que de nosotros seamos capaces... que nuestra suficiencia viene de Dios"; y Cristo dice: "Nadie puede venir a mí si el Padre, que me ha enviado, no le trae", Juan 6:44; y Pablo: "Qué tienes que no hayas recibido?" (1 Co 4:7).

Pero si alguien, por eso, tratare de rechazar el mérito humano logrado con ayuda de la gracia divina, ese concordaría más con los maniqueos que con la Santa Iglesia Católica, porque el negar mérito a nuestras obras choca directamente contra la Palabra de Dios. Pues Pablo dice: "He combatido el buen combate, he terminado mi carrera, he guardado la fe. Ya me está preparada la corona de justicia que me otorgará aquel día el Señor, Justo Juez" (2 Ti 4:7 ss. y 2 Co 5:10): "Puesto que todos hemos de comparecer ante el tribunal de Cristo, para que reciba cada uno según lo que hubiere hecho por el cuerpo, bueno o malo".

Pues donde hay recompensa, allí hay también mérito, así como Dios habló también a Abraham: "No temas, Abram; yo soy tu escudo, tu recompensa será muy grande" (Gn 15:1); e Isaías dice: "Ved que viene con Él su salario, y va delante de Él su fruto" (Is 40:10); e Is 58:7: "... partir tu pan con el hambriento, albergar al pobre sin abrigo... entonces brillará tu luz como la aurora y se dejará ver pronto tu salvación, e irá delante de ti tu salvación y detrás de ti la gloria de Yavé". Así dice el

Señor a Caín: "¿No es verdad que si obrares bien andarías erguido?" (Gn 4:7). Así enseña también la parábola evangélica La Viña del Señor, donde nos contrató como obreros, concordando pagarnos un denario por día. Allí ordenó: "Llama a los obreros y dales su salario", Mt. 20:8. Así habla también Pablo, conocedor del misterio divino: "Aquel cuya obra subsista recibirá el premio" (1 Co 3:14).

No obstante, todos los católicos confiesan que nuestras obras de sí mismas no merecen nada, sino que la gracia de Dios las hace dignas de la vida eterna. Así dice San Juan: "Caminarán conmigo vestidos de blanco, porque son dignos" (Ap 3:4); y San Pablo (Col 1:12): "...dando gracias a Dios Padre, que os ha hecho capaces de participar de la herencia de los santos en el reino de la luz".

Confutación V

En cuanto al quinto artículo, consideramos correcto que el Espíritu Santo sea dado por medio de la Palabra y los Sacramentos, como por instrumentos. Así está escrito en Hch 10:44: "Aún estaba Pedro diciendo estas palabras cuando descendió el Espíritu Santo sobre todos los que oían la palabra"; y Juan 1:33: "Ese es el que bautiza en el Espíritu Santo".

Que se menciona aquí la fe, es correcto siempre que se entienda que no es la fe sola (como algunos enseñan erróneamente), sino que se trata de aquella fe que es activa en el amor (como Pablo correctamente enseña a los gálatas). Porque también en el Bautismo se infunden (*eingegossen werden*) no sólo la fe sino también la esperanza y el amor al mismo tiempo, como certifica el papa Alejandro en C. Majores de baptismo, y como Juan el Bautista también, ya mucho antes, enseñó cuando habló de Cristo: "Él os bautizará en el Espíritu Santo y en fuego" (Lc 3:15).

Confutación VI

Del sexto artículo aceptamos con mucho agrado que ellos (los luteranos), confiesan que la fe debe producir buenos frutos, pues, "la fe, si no tiene obras es de suyo muerta" (Stg 2:17). Toda la Escritura nos constriñe a hacer buenas obras. Así dice: "Cuánto bien puedas hacer, hazlo alegremente" (Ec 9:10); y "se agradó Yavé de Abel y su ofrenda" (Gn 4:4). También (Gn 18:19): "Bien sé que mandará a sus hijos, y a su casa después de él, que guarden los caminos de Yavé, y hagan justicia y juicio", y dijo: "Por mí mismo juro, palabra de Yavé, que por haber tú hecho cosa tal... te bendeciré largamente y multiplicaré grandemente tu descendencia" (Gn 22:16-17). Así aceptó Dios el ayuno de los de Nínive, Jon 3, y el lloro y llanto del rey Ezequías (2 R 20). Por lo tanto, todos los creyentes deben seguir el consejo de Pablo, que dice: "por consiguiente, mientras hay tiempo, hagamos bien a todos, pero especialmente a los hermanos en la fe" (Gl 6:10); y Cristo dice: "Venida la noche, ya nadie puede trabajar" (Jn 9:4). "Pues sus obras los siguen" (Ap 14:13).

Pero que en este mismo artículo se atribuye la justificación sólo a la fe, esto está directamente en contra de la verdad evangélica, que no excluye las obras. "Pero gloria, honor y paz para todo el que hace el bien" (Ro 2), y David en el Sal 61 y Cristo en Mt 15 y Pablo en Ro 2 testifican que Dios dará a cada uno según sus obras. Además dice Cristo: "No todo el que dice: ¡Señor, Señor! entrará en el reino de los cielos, sino el que hace la voluntad de mí Padre, que está en los cielos" (Mt 7:21). Se sigue de allí, que crea uno tanto como quiera, si no hace el bien, no es amigo de Dios. "Vosotros sois mis amigos", dice Cristo, "si hacéis lo que os mando" (Jn 15:14).

Por lo tanto, no podemos conceder que ellos tantas veces atribuyen la justificación a la fe, porque pertenece a la gracia y el amor. "Y si teniendo... tanta fe que trasladase los montes, si no tengo caridad, no soy nada" (1 Co 13:2). Aquí San Pablo asegura a los príncipes y a toda la Iglesia que la fe sola no justifica. Pero eso él enseña que el amor es la primera virtud. (Col 3:14): "Pero por encima de todo esto, vestíos de la caridad, que es vínculo de perfección.

No les ayuda nada (a los luteranos) lo que Cristo dijo: "Cuando hiciereis estas cosas que os están mandadas, decid: Somos siervos inútiles" (Lc 17:10), porque tanto más han de decir esto, los que sólo creen. Aunque creáis todo, decid siervos inútiles somos. Así que, estas palabras de Cristo no ensalzan la fe sin obras, mas enseñan que nuestras obras, en comparación con la recompensa eterna, nada son, como dice San Pablo: "Tengo por cierto que los padecimientos del tiempo presente no son nada en comparación con la gloria que ha de manifestarse en nosotros", Ro. 8:18. Porque también la fe y las buenas obras son dádiva de Dios, por las cuales, por la misericordia de Dios, es dada la vida eterna.

Por lo tanto, Ambrosio, a quien citan, no pertenece aquí, pues San Ambrosio se expresó claramente con respecto a las obras de la ley, al decir: sin ley se entiende, sin la ley del sábado y de la circuncisión, etc. Y aún más claro se expresa en la epístola a los romanos, Cap. 4, donde cita a Santiago con referencia a la justificación de Abraham: sin las obras de la ley, de la circuncisión. ¿Cómo podría San Ambrosio hablar en sus comentarios de una manera distinta de la de Pablo? que dice: "Por obras de la Ley nadie será reconocido justo ante Él" (Ro 3:20). Por eso, al fin del capítulo, no excluye del todo las obras, mas dice: "Sostenemos que el hombre es justificado por la fe sin las obras de la ley" (Ro 3:28).

Confutación VII

El séptimo artículo, en el cual se afirma que la Iglesia es la Congregación de los santos, no puede ser aceptado sin perjudicar la fe, si es que quedan completamente excluidos y separados de la Iglesia los malos y pecadores. Porque este artículo, ya condenado en el concilio de Costnitz, contradice en su totalidad al Evangelio, y se halla entre otros errores que pertenecían al condenado Juan Hus. Pues se puede leer en el Evangelio cómo Juan el Bautista comparó la Iglesia con una era que Cristo limpia con su aventador y junta el trigo en su granero; pero la paja será quemada en fuego inextinguible (Mt 3:12). ¿Qué significa la paja, sino los malos, y el trigo, sino los buenos? Y Cristo compara la Iglesia con una red en la cual hay peces buenos y malos (Mt 13:47 ss.). Otra vez, Cristo compara la Iglesia con diez vírgenes de las cuales cinco eran prudentes y cinco necias. Por lo tanto, el aceptar este artículo ha de ser negativo a pesar de que es posible abalarlos por confesar que la Iglesia ha de permanecer para siempre, porque aquí cuadra la promesa dada por Cristo, que el Espíritu de la Verdad iba a quedar con ella hasta la eternidad (Jn 14), y Cristo mismo dice que Él estará con ella siempre hasta la consumación del mundo.

También concordamos, como dicen ellos, en que las diferencias en las ceremonias no perjudican a la unidad de la Iglesia, en cuanto se refiere a órdenes eclesiásticos especiales, pues, según dice Jerónimo: en esto, cada país puede tener su propia manera y opinión. Pero en cuanto ellos quieren referir esta parte de la confesión a las ceremonias acostumbradas en la Iglesia, todo esto ha de ser rechazado, y con San Pablo contestamos: "Nosotros no tenemos tal costumbre" (1 Co 11:16), porque deben ser mantenidas las ceremonias universales inculcadas por los cristianos, como Agustín escribe muy bien a Januario, testimonio que ellos también agregan. Entonces hemos de mantener que esas ceremonias provienen de los apóstoles.

Confutación VIII

El octavo artículo de la confesión, de los ministros impíos e hipócritas en la Iglesia, a saber, que su impiedad no anula ni daña los Sacramentos y la Palabra, lo aceptamos en unión con toda la santa Iglesia romana. Aquí alabamos a los príncipes por condenar a los donacianos y todos los origenistas que suponen que según la Palabra de Dios no es permitido recibir los Sacramentos de ministros impíos.

Esta herejía fue renovada posteriormente por los valdenses y los pobres de Lugduno, a quienes seguían Juan Wiclef en Inglaterra y Juan Hus en Bohemia.

Confutación IX

El artículo noveno, del Bautismo, es decir, que éste es necesario para la salvación y que los niños han de ser bautizados, es alabado y aceptado. Y con razón condenan a los rebeldes anabaptistas, que deben ser desterrados lejos del imperio romano, a fin de que no suceda otra vez que haya una sublevación y derramamiento de sangre, hechos tan terribles y destructores, en que, como sucedió hace cinco años, se perdieron muchos miles de personas.

Confutación X

Se puede permitir el décimo artículo en cuanto rezan las palabras, porque confiesan que están esencial y verdaderamente presentes el cuerpo y la sangre de Cristo en la Santa Cena después de realizarse la debida consagración; pero que creyesen solamente que el Cristo entero esté presente en las dos especies, es decir, que no hay menos sangre de Cristo en la especie del pan *per concomitantiam* que hay en la especie del vino y viceversa.[58] Por el contrario, el cuerpo de Cristo en la Eucaristía estaría muerto y sin sangre, contradiciendo a San Pablo: "Pues sabemos que Cristo, resucitado de entre los muertos, ya no muere" (Ro 6:9).

Es necesario agregar y enseñar en este artículo que mejor sería creer a la Iglesia que creer a otros que enseñan distintamente, es decir, creer que la esencia del pan se convierte en cuerpo de Cristo por medio de la

58 El Concilio de Constanza, 1414-18, aprobó la concomitancia.

todopoderosa Palabra de Dios en la consagración de la Eucaristía.[59] Así fue aprobado en el concilio ecuménico: *C. Firmiter de S. Trini, et fide catholica*. Por eso, alabamos a los que expresamente condenan a los capernaítas que niegan la presencia verdadera del cuerpo y sangre de nuestro Señor Jesucristo en la Santa Cena.

Confutación XI

Que ellos confiesan, en el artículo undécimo, que debe retenerse en la Iglesia la confesión con la absolución privada, esto aprobamos por ser católico y en conformidad con nuestra fe.

Porque la absolución está reforzada con la Palabra de Cristo, al decir él a los discípulos (Jn 20:23): "A quien perdonareis los pecados les serán perdonados". Sin embargo, conviene exigirles (a los príncipes) dos cosas: primero, que se celebre entre los sujetos la confesión anual según la constitución *C. Omnis utriusque, De penit, et remiss.*, y esto de la manera acostumbrada en la Iglesia. Segundo, que ellos, mediante sus predicadores, fielmente exhorten a los sujetos cómo éstos deben confesarse; y aunque no puedan enumerar todos los pecados al mismo tiempo, sin embargo, después de examinar seriamente sus conciencias, que hagan una confesión plena de todos los pecados de que pueden acordarse. En cuanto a los otros pecados, de que nos hemos olvidado y de que no podemos acordarnos, los confesaremos en general y diremos con David (Sal 19:12): "¿Quién será capaz de conocer los deslices? Absuélveme de los que se me ocultan."

Confutación XII

Que ellos confiesan en el duodécimo artículo que los renegados pueden, en cualquier momento, conseguir el perdón de los pecados al arrepentirse y que la Iglesia debe conceder la absolución a los que vuelven arrepentidos, esto se considera correcto y es aprobado; pues con toda razón condenan ellos a los novacianos quienes negaron que el hombre puede volver a arrepentirse después del primer arrepentimiento y contradecían a los profetas que prometieron la gracia de Dios a los pecadores al momento de arrepentirse, Ezequiel 18; y también contradecían la declaración de gracia

59 El cuarto Concilio de Letrán, 1215, aprobó la transubstanciación.

pronunciada por el Salvador Jesucristo a Pedro, cuando, contestándole la pregunta ¿cuántas veces he de perdonar a mi hermano si peca contra mí?, dijo: "No digo yo hasta siete veces, sino hasta setenta veces siete" (Mt 18:21-22).

Pero la segunda parte de este artículo se rechaza completamente, porque al decir que el arrepentimiento consta sólo de dos partes, ellos están en contra de toda la Iglesia universal, que, desde el tiempo de los apóstolos, ha mantenido y creído que el arrepentimiento consta de tres partes: contrición, confesión y satisfacción. Los antiguos maestros: Origines, Cipriano, Crisóstomo, Gregorio, Agustín, enseñaron así, apoyándose en el testimonio de las Escrituras, especialmente de 2 S 12 con respecto a David; 2 Cr 33 con respecto a Manasés, Sal 31; 37; 50; 101, etc. Por eso el papa León X, de bendita memoria, justamente condenó el artículo de Lutero, quien se expresó de esta manera: Que el arrepentimiento tiene tres partes: contrición, confesión y satisfacción, no se halla fundado en los santos maestros cristianos. Por lo tanto, esta parte del artículo no puede permitirse, como tampoco esto; que la fe sea una parte del arrepentimiento, pues el que no cree, jamás se arrepentirá. Tampoco puede aceptarse esa parte del artículo que menosprecia la satisfacción, porque contradice el Evangelio, los apóstoles, los padres de la Iglesia, los concilios y toda la Iglesia católica. Juan el Bautista proclamó: "Haced frutos dignos de penitencia" (Mt 3:5), y San Pablo mandó: "Como pusisteis vuestros miembros al servicio de la impureza y de la iniquidad para la iniquidad, así ahora entregad vuestros miembros al servicio de la justicia para la santidad (Ro 6:19). Lo mismo predicó a los paganos, cómo debían arrepentirse y volverse a Dios y hacer obras dignas del arrepentimiento (Hch 26). Asimismo empezó Cristo a predicar y enseñar: "Arrepentíos, porque se acerca el reino de Dios" (Mt 4:17). Más tarde mandó a sus apóstoles que predicasen y enseñasen de esa manera (Lc 24), y le obedeció fielmente San Pedro en su primer sermón (Hch 2). Así también exhortó San Agustín, que cada uno debe examinarse seriamente, para que, juzgado por sí mismo, no sea condenado por Dios (1 Co 11).

El papa León Magno dice: El mediador entre Dios y los hombres, el hombre Jesucristo, dio a la Iglesia esta suprema autoridad, a saber, que debía imponer a los que se confiesan obras de penitencia y que debía admitir por la puerta de la reconciliación para participar del sacramento a los santificados por medio de la satisfacción saludable. Dice Ambrosio: Después de cargarse de pecados la conciencia, debe ser impuesta la penitencia. Varios cánones sobre el arrepentimiento fueron ordenados en el santo concilio de Nicea. El hereje Joviniano sostenía que todos los pecados son iguales y por eso no quería admitir distintas obras de satisfacción por el pecado.

Por lo tanto, de ninguna manera debe ser abolida en la Iglesia la satisfacción, abolición que estaría en contra del claro Evangelio y los decretos de los concilios y de los padres de la Iglesia. Más bien, deben aquellos que fueron perdonados por el sacerdote cumplir con la penitencia impuesta y en esto seguir a San Pablo: "Se entregó por nosotros para rescatamos de toda iniquidad y adquirirse un pueblo propio, celador de obras buenas" (Tit 2:14). Así Cristo hizo satisfacción por nosotros a fin de que sigamos tras las buenas obras, para cumplir las satisfacciones impuestas.

Confutación XIII

Se reconoce bueno el artículo décimo tercero, en que dicen que fueron instituidos los Sacramentos no solamente para ser distintivos de los cristianos, sino, muchos más, que deben ser señales y testimonios de la voluntad divina para con nosotros. Pero tenemos que pedirles que confiesen también específicamente con respecto a los siete sacramentos de la Iglesia lo que atribuyen a los Sacramentos en general, y que (los Príncipes) tratasen de hacerlos observar a sus súbditos.

Confutación XIV

Cuando confiesan en el artículo décimo cuarto que nadie en la Iglesia debe administrar la Palabra de Dios y los Santos Sacramentos a no ser que haya sido llamado debidamente, se debe entender que es llamado debidamente aquel que fue llamado en forma legal según las disposiciones y los decretos eclesiásticos hasta ahora observados universalmente en el mundo cristiano y no a manera que Jeroboam[60] llamó a sus sacerdotes; tampoco por tumulto o cualquiera intrusión desordenada por parte de la gente. Pues nadie debe apropiarse el honor a no ser que fuera llamado para este (oficio) como Aaron. En este sentido, se acepta la confesión; no obstante deben ser amonestados (los príncipes) a persistir en esto y no admitir en sus jurisdicciones a ninguno como pastor o maestro que no fuera debidamente llamado.

---

60 Conferir 1 Reyes 12:31 y contexto.

Confutación XV

Se acepta, cuando confiesan en el artículo décimo quinto, que se ha de observar las ceremonias eclesiásticas que se celebran sin pecado y que son útiles para la unidad y el buen orden en la Iglesia. Además, los príncipes y las ciudades han de ser exhortados a que mantengan en vigencia, en sus principados y vecindades, las disciplinas eclesiásticas, tanto las de la Iglesia universal como las de cada territorio, que fueron observadas hasta el tiempo actual con toda piedad y devoción, y que reinstalen las que, hasta ahora, fueron descontinuadas, y que ordenan que, en sus iglesias, todo siga según la antigua manera y que los súbditos lo practiquen en hecho.

Pero el apéndice al artículo debe ser suprimido completamente por ser todo falso, pues tachan como completamente en contra del Evangelio las ordenanzas humanas instituidas para propiciar a Dios y satisfacer por los pecados, como luego quieren explicarlo detalladamente con referencia a los votos, las diferencias en las comidas y cosas semejantes.

Confutación XVI

Con gusto se acepta el décimo sexto artículo pues está conforme, no solamente con el derecho civil, sino también con el derecho espiritual, con el Evangelio, con las Sagradas Escrituras y con toda la regla de la fe. Porque el apóstol pide que "todos habéis de estar sometidos a las autoridades superiores, que no hay autoridad sino Dios, y las que hay por Dios han sido ordenadas, de suerte que quien resiste a la autoridad resiste a la disposición de Dios, y los que la resisten se atraen sobre sí la condenación" (Ro 13:1 ss.). Y se aprueba que los príncipes condenen a los anabaptistas que destruyen toda ordenanza civil y vedan a los cristianos el gobernar y otros oficios civiles, sin los cuales no se puede gobernar ninguna comunidad secular.

Confutación XVII

Se acepta la confesión del artículo decimoséptimo, pues toda la Iglesia católica sabe del Credo Apostólico y de la Sagrada Escritura que Cristo ha de venir el último día para juzgar a los vivos y a los muertos. Por eso, con razón condenan a los anabaptistas que opinan que habrá fin para los hombres condenados y para el sufrimiento del diablo, e imaginan, a manera de los judíos, que para sí mismos habrá, antes de la resurrección de los muertos, un reino en este mundo en el cual suprimirán a todos los impíos.

Confutación XVIII

En el artículo décimo octavo confiesan con respecto al poder del libre albedrío que éste tiene libertad de hacer justicia civil, pero que no tiene poder, sin el Espíritu Santo, de hacer justicia divina. Esta confesión es correcta y aceptada. Pues así conviene a los católicos seguir el camino medio para que no se atribuya demasiado al libre albedrío como lo hacen los pelagianos, ni tampoco restarle toda libertad como lo hacen los impíos maniqueos, pues ambos a dos se equivocan.

Así dice Agustín: "Que hay en el hombre libre albedrío, debemos creerlo con fe firme y confesarlo sin duda". Porque es una equivocación bárbara el negar que hay en los hombres libre albedrío, que cada uno puede hallar en sí mismo y que muchas veces es comprobado en la Sagrada Escritura. San Pablo dice: "Pero el que firme en su corazón, no necesitado, sino libre y de voluntad determina..." (1 Co 7:37). Del justo dice el sabio: "¿Quién pudo prevaricar y no prevaricó, hacer mal y no lo hizo?" Eclesiástico Sirac.[61] Dios dijo a Caín: "¿No es verdad que si obraras bien andarías erguido, mientras que si no obras bien, estará el pecado a la puerta? Cesa, que él siente apego a ti, y tú debes dominarle a él" (Gn 4:7). Por medio del profeta Isaías dice: "Si vosotros queréis, si sois dóciles, comeréis los bienes de la tierra. Si no queréis y os rebeláis, seréis devorados por la espada (1:19-20). Jeremías lo resume así: "Pero mientras esto dices sigues cometiendo maldades y las llevas hasta el colmo" (3:5).

Agreguemos también el testimonio de San Ezequiel, Cap. 18: (31.32): "Arrojad de sobre vosotros todas las iniquidades que cometéis y haceos un corazón nuevo y un espíritu nuevo. ¿Por qué habéis de querer morir, casa de Israel? Que no quiero yo la muerte del que muere.[62] Convertíos y vivid". Y San Pablo dice: "El Espíritu de los profetas está sometido a los profetas" (1 Co 14:32); y "Cada uno haga según se ha propuesto en

---

61 La versión Nacar-Colunga traduce con oración interrogativa; la versión alemana del texto de la confutación cita el texto con oración declarativa. "Welcher hat können übertreten, und hat nicht übertreten; hat können Böses tun, hat's nicht getan", Sir. 31:10.

62 En la antigua versión en alemán reza "Sterbenden", palabra que en la versión moderna alemana fue corregida para que diga: "Gottlosen", siguiendo la Vulgata impii.

su corazón, no de mala gana ni obligado, que Dios ama al que da con alegría" (2 Co 9:7). Finalmente, Cristo con una palabra, derrotó a todos los maniqueos, al decir: "Porque pobres siempre los tenéis con vosotros, y cuando queráis podéis hacerles bien" (Mc 14:7); y a Jerusalén dijo Cristo: "Cuántas veces quise reunir a tus hijos, a la manera que la gallina reúne a sus pollos bajo las alas, y no quisiste" (Mt 23:37-39).

Confutación XIX

Se considera correcto el artículo décimo noveno también, pues Dios, el sumo bien, no es la causa del mal, mas es una causa del mal la voluntad racional y perdida. Por lo tanto, nadie debe atribuir sus transgresiones y pecados a Dios sino a sí mismo, según Jeremías 2:19: "Sírvante de castigo tus perversidades, y de escarmiento tus apostasías"; y "Te traigo la ruina, ¡Oh Israel!, y ¿quién podrá socorrerte?"[63] (Os 13:9). Y David en espíritu confesó que Dios no quiere el pecado (Sal 5).

Confutación XX

En el artículo vigésimo, que no es tanto una confesión de los príncipes y ciudades como una excusa para los predicadores, hay una oración que ya fue rechazada y condenada en cuanto pertenece a los príncipes y ciudades y que nuevamente es rechazada y condenada, a saber, que las buenas obras no consiguen el perdón de los pecados. Porque el texto de Daniel, que es muy conocido, dice lo contrario: "Redime tus pecados con justicia" (Dn 4:24); y Tobías dice al hijo, que las limosnas libran de todo pecado y de la muerte y no dejan al alma salir en las tinieblas; y Cristo dice: "Dad limosna según vuestras facultades y todo será puro para vosotros" (Lc 11:41). Si las obras no merecen nada, ¿por qué dijo el sabio?: "Dio a los santos la recompensa de sus trabajos" (Sabiduría 10:27). ¿Por qué exhortó San Pedro tan diligentemente a ocuparse en buenas obras? diciendo: "Por lo cual, hermanos, tanto más procurad asegurar vuestra vocación y elección" por medio de las buenas obras (2 P 1:10). ¿Por qué debía haber dicho San Pablo, "Que no es Dios injusto para que se olvide de vuestra obra y del amor que habéis mostrado hacia su nombre"? (He 6:10).

---

63 R. V. R. 60 traduce: "Te perdiste, oh Israel, mas en mí está tu ayuda".

Enseñando así, no menospreciamos el mérito de Cristo, mas sabemos que nuestras obras nada son y que no merecen nada sino en el poder del mérito del sufrimiento de Cristo. Sabemos que Cristo es el Camino, la Vida y la Verdad (Jn 14). Pero Cristo, cual buen Pastor, que empezó a hacer y enseñar (Hch 1), nos dio un ejemplo para que hagamos nosotros como él hizo, (Juan 13), y atravesó el desierto por el camino de las buenas obras, que todos los cristianos deben seguir, y, según su mandamiento, tomar su cruz sobre sí y seguirle (Mt 10 y 16). Y el que no toma la cruz, no puede ser discípulo de Cristo. También es verdad lo que afirma Juan: "Quien dice que permanece en Él, debe andar como Él anduvo" (1 Jn 2:6).

Pero, esta opinión de los contrarios sobre las buenas obras fue condenada y rechazada ya hace mil cien años en el tiempo de Agustín.

Confutación XXI

Finalmente presentan el artículo vigésimo primero, en el cual conceden que se hace memoria de los santos a fin de que imitemos su fe y buenas obras, pero no se ha de orar a ellos para solicitarles su ayuda. Es de maravillarse que los príncipes y ciudades permitieron que se despertase dentro de sus jurisdicciones semejante error, que tantas veces fue condenado en la Iglesia, cuando ya hace mil cien años San Jerónimo derrotó en este asunto al hereje Vigilancio. Muchos años más tarde, presentaron este error de nuevo los albigenses, *pauperes de Lugduno*, los picardos, quienes todos, ya hace mucho y de manera debida fueron condenados. Por lo tanto, este artículo de la Confesión ya tantas veces condenado, ha de ser rechazado completamente y dado por erróneo, en unión con toda la Iglesia verdadera y universal. Porque, para invocar a los santos, no tenemos solamente la costumbre y la autoridad de la Iglesia universal, sino que tenemos también el consenso de todos los santos padres: Agustín, Jerónimo, Cipriano, Crisóstomo, Basilio, Bernardo y los demás maestros de la Iglesia. Tampoco carece la Sagrada Escritura de testimonio y autoridad para esta enseñanza católica.

Pues, que debe honrarse los santos, enseñó Cristo, cuando dijo: "Si alguno me sirve, mi Padre le honrará" (Jn 12:26). Si entonces Dios honra a los santos, ¿Por qué no hemos de honrarlos nosotros los hombres? El Señor también, al orar por sus amigos, hace referencia a la penitencia de Job (Job 42). ¿Por qué no debe condescender el justo Dios mucho más a la petición de la Virgen María, ya que accedió a Job? Leemos también en Baruc 3:4: "Señor Todopoderoso, Dios de Israel: oye la oración de los muertos de Israel". Así que los muertos oran por nosotros. Así hicieron, en el Antiguo Testamento, Onías y Jeremías. Judas Macabeo vio que el sumo sacerdote Onías extendió su mano y oró por todo el pueblo judío. Luego le apareció a su lado un anciano, vestido espléndidamente de ropa costosa, y de una apariencia muy admirable. Y Onías dijo a Judas: "Este es el amador de sus hermanos, que ora mucho por el pueblo y por la ciudad santa: Jeremías, profeta de Dios" (2 Macabeos 15:14).

También sabemos de la palabra de Dios que los ángeles oran por nosotros. ¿Por qué hemos de negar esto con respecto a los santos? "¡Oh Yavé Sebaot! ¿Hasta cuándo no vas a tener piedad de Jerusalén y las ciudades de Judá, contra las que estás irritado desde hace setenta años? Y Yavé dirigió al ángel que conmigo hablaba palabras blandas, palabras consoladoras" (Zac 1:12-13). Esto testifica también Job: "Pero si para él hay un intercesor, un ángel entre mil, que haga ver al hombre su deber, tenga piedad de él y diga: "Líbrale del sepulcro, yo hallé el rescate de su vida" (Job 33:23-24). Además, es también manifiesto de las palabras del santo alma de Juan el Evangelista, cuando dijo: "Los cuatro vivientes y los veinticuatro ancianos cayeron delante del Cordero, teniendo cada uno su cítara y copas de oro llenas de perfumes, que son las oraciones de los santos" (Ap 5:8); y "Llegó otro ángel, y púsose en pie junto al altar, con un incensario de oro y fuéronle dados muchos perfumes para unirlos a las oraciones de todos los santos sobre el altar de oro, que está delante del trono. El humo de los perfumes subió, con las oraciones de los santos, de la mano del ángel a la presencia de Dios" (Ap 8:3-4).

Finalmente, San Cipriano, mártir, hace mil doscientos cincuenta años, escribió al papa Cornelio, en el primer libro, capítulo uno, deseando que aquel que partiere primero al más allá, éste no debía cesar de orar por los hermanos y las hermanas. Si ese santo no lo hubiera considerado verdad que los santos después de esta vida oran por los vivos, entonces en vano había exhortado a Cornelio hacerlo.

Tampoco basta que este artículo de la Confesión se sostenga en el hecho que hay sólo un mediador entre Dios y los hombres (1 Ti 2:5 y 1 Jn 2:1) Pues, aunque Su Majestad Imperial, en unión con toda la Iglesia, confesare que hay solamente un medianero de la salvación, sin embargo hay muchos medianeros para la intercesión. Así Moisés también era medianero e intercesor entre Dios y la gente (Dt 5), porque oró por los israelitas (Ex 17 y 32). Así oró San Pablo para los que estaban con él en el barco (Hch 27). Así quiere Pablo mismo que los romanos orasen por él (Ro 15), los corintios (2 Co 1), los colosenses (Col 4). Cuando San Pedro estaba en la cárcel, hubo oración sin cesar en la Iglesia para él (Hch 12). Por eso, Cristo es nuestro intercesor supremo y máximo. Ya que los santos son miembros de Cristo (1 Co 12 y Ef 5), y conforman su voluntad a la voluntad de él, y ven que nuestra cabeza, Cristo, ora por nosotros, ¿quién puede dudar de que los santos hacen lo mismo que observan a Cristo hacer?

En consideración de todas estas razones, ha de desearse que los príncipes y las ciudades partidarias de ellos, rechacen esta pequeña parte de la Confesión y que ellos, junto con la santa Iglesia verdadera y universal, mantengan, crean y confiesen con respecto a la veneración y la intercesión de los santos, lo que todo el mundo cristiano cree y confiesa, y lo que ya desde el tiempo de Agustín era costumbre en todas las iglesias, como él dice, que el pueblo cristiano observa con mucha devoción y piedad la memoria de los mártires, a fin de que sea animado a imitarlos, participar en sus méritos y ser ayudado por medio de sus oraciones.

CONTESTACIÓN A LA SEGUNDA PARTE DE LA CONFESIÓN

DE LAS DOS ESPECIES

Lo que narra la Confesión de los príncipes y las ciudades entre los abusos, a saber, que a los legos se administra sólo una especie del Sacramento, y que, por eso, ellos permiten en sus jurisdicciones que se administren las dos especies a los legos, a esto hay que contestar: según la costumbre de la santa Iglesia este asunto no pertenece verdaderamente a los abusos, porque, de acuerdo a la práctica y las disposiciones de esta Iglesia, pertenece más al abuso y a la desobediencia si se administran las dos especies a los legos.

Pues bajo una especie, la del pan, comulgaron los santos de la primera Iglesia, de quienes dice San Lucas: "Perseveraban en oír la enseñanza de los apóstolos, y en la unión en la fracción del pan". Así habla también en Hch 20: "El primer día de la semana, estando nosotros reunidos para partir el pan"... Sí, también Cristo, el que instituyó este santísimo sacramento, habiendo resucitado de entre los muertos, dio la eucaristía bajo una especie sola a los discípulos que iban camino a Emaús, cuando tomó el pan, lo bendijo, lo partió y se lo dio a ellos, y de este partimiento del pan, ellos reconocieron a él, (Lc 24:13-35). En efecto, San Agustín, San

Crisóstomo, Teofilacto[64] y Beda, de quienes algunos vivían hace muchos cientos de años y no mucho después de la época de los apóstoles, confirman que aquello era la eucaristía. También Cristo, en Juan 6, muchas veces menciona solamente el pan. San Ignacio, discípulo de San Juan evangelista, en su epístola a los efesios, menciona solamente el pan en la comunión eucarística.

Lo mismo hace Ambrosio, de bendita memoria, en su libro sobre los sacramentos, cuando habla de la comunión de los legos. En el concilio remense (Reims) se prohibió a los legos llevar el Sacramento del Cuerpo a los enfermos, y allí no se menciona especie alguna del vino. Por eso, es cierto que debe entenderse así, que el sacramento se administró al enfermo sólo bajo una especie. Esto comprueban también los antiguos *Canones poenitentiales*. Luego, el concilio agetense mete a un pobre sacerdote en el convento y le administra según la comunión de los legos. Osio, en el concilio sardicense, veda a algunos impíos el participar en la comunión de los legos, a no ser que confiesen antes la impiedad. Por lo tanto, siempre hubo en la Iglesia una diferencia entre la comunión de los legos, bajo una especie, y la comunión del sacerdote, bajo dos especies.

Todo esto fue indicado ya antes en el Antiguo Testamento, con referencias a los descendientes de Eli: Sucederá, dice Dios, que "cuantos de tu casa queden, vendrán a prosternarse ante él, pidiéndole una moneda de plata y un pedazo de pan; y le dirán: Haz el favor de colocarme en alguna de tus funciones sacerdotales, para que tenga un pedazo de pan que comer" (1 S 2:36). Aquí la Escritura enseña claramente, que los descendientes de Elí, al ser destituidos del sacerdocio, pedirán recibir una porción sacerdotal, es decir, un pedazo de pan. Por lo tanto, nuestros legos también deben satisfacerse con una porción sacerdotal, es decir, con una especie. Porque también los papas y cardinales, y todos los obispos y sacerdotes romanos, fuera de la misa, están satisfechos con una especie; cuando moribundos, "para el viático", como fue denominado en el concilio de Nicea. Y esto no lo harían si lo creyeran necesario para la salvación, el recibir ambas especies.

Aunque anteriormente se administraba en muchas iglesias las dos especies a los legos, pues en aquel entonces era optativo comulgar bajo una o bajo dos especies, sin embargo, por causa del peligro, esa costumbre de administrar ambas especies fue descontinuada. Además, al considerar las muchas clases de gente, es decir los ancianos, los jóvenes, los temblorosos,

---

64 ¿Será el famoso exégeta griego, que actuó entre los búlgaros, y murió después de 1107?

los enfermos, los cojos, entonces, a no ser que se usa de mucho cuidado, podría suceder fácilmente que se profane el sacramento por derramar algo del vino (*liquidi*). También, ante semejante multitud de gente, sería difícil administrar una especie de vino de una copa, y si se guarda el vino por mucho tiempo, puede volverse en vinagre y producir náuseas a los comulgantes y dar motivo de vómitos; tampoco puede ser distribuido convenientemente a los enfermos sin peligro de derramar algo.

Por estas y otras razones, y sin duda por inspiración del Espíritu Santo, se persuadieron las iglesias, donde antes era práctica de administrar las dos especies a los legos, a que de allí en adelante se administrare sólo una especie, y especialmente fue considerado esto, que se recibe al Cristo entero bajo ambas especies, y que no hay menos Cristo bajo una sola especie que bajo las dos.

Así fue decidido y decretado en el concilio de Costnitz. Lo mismo aprobó correctamente el concilio de Basilea. Y aunque antes era optativo usar en la Santa Cena una o dos especies, sin embargo, cuando apareció la herejía que enseñaba la necesidad de ambas especies, entonces la santa Iglesia, dirigida por el Espíritu Santo, negó las dos especies a los legos, porque también así, con disposiciones contrarias, solía la Iglesia suprimir las herejías de vez en cuando. Por ejemplo, cuando se presentaron los que disputaban que en el Sacramento ha de consagrarse solamente pan ázimo, entonces, la Iglesia, por un tiempo, ordenó que sea consagrado pan leudado. Cuando Nestorio quiso sostener que María siempre virgen era, madre de Cristo y no madre de Dios, entonces la Iglesia prohibió llamarla madre de Cristo. Por lo tanto, debe exigirse a los príncipes y ciudades que no introduzcan esta separación o cisma en el Imperio Romano Alemán, para que no se dejen desviar de la costumbre universal de la Iglesia.

Los argumentos presentados en ese artículo no prueban nada, porque, a pesar de que Cristo instituyó ambas especies del Sacramento, sin embargo, no se halla en ningún lugar del Evangelio, que a los legos fuese mandado usar las dos especies. Lo que Cristo dijo en Mt 26:27, "Bebed de él todos", esto fue dicho a los doce apóstoles, a los sacerdotes, como se ve de Mc 14:23, quien dijo: "y bebieron de él todos", y esto ciertamente no se ha cumplido hasta ahora para con los legos. Por lo tanto, nunca, ha sido costumbre en la Iglesia universal administrar las dos especies a los legos, aunque esta práctica, tal vez, se observaba entre los corintios y los cartagineses y en unas cuantas iglesias más.

Ellos citan a Gelasio, *Cp. Comperimus, de consecratione, dist. 2*, pero si ellos atienden a las palabras, hallarán que Gelasio habla de los sacerdotes y no de los legos. Por eso, hay que rechazar lo que dicen, a saber, la costumbre de administrar una especie está contra el derecho divino.

Especialmente ha de ser rechazado el apéndice del artículo, a saber, que por esa razón debe discontinuarse la procesión con la eucaristía, porque así se divide el sacramento. Porque ellos mismos saben o deben saberlo, según la fe cristiana, que Cristo no se divide, sino que el Cristo entero está en ambas especies, y que el Evangelio en ningún lugar prohíbe la separación de las dos especies. Esto sucede el viernes santo en la Iglesia católica universal, aunque según la rúbrica de la misa, el que consagra ambas especies debe participar de las dos. Por lo tanto, los príncipes y las ciudades han de ser exhortados, ya que creen y confiesan la presencia real, a que demuestren la reverencia y el honor debidos hacia Cristo el Señor, Hijo del Dios viviente, Salvador y Redentor nuestro, Señor de los cielos y de la tierra, sabiendo ellos también que así fue observado con toda devoción por parte de sus antepasados príncipes cristianos.

CONFUTACIÓN

DEL MATRIMONIO DE LOS SACERDOTES

Considerando que ellos cuentan entre los abusos el estado célibe del sacerdocio, y que permiten a sus sacerdotes y a otros aconsejan a tomar esposas: es de asombrarse que esto del celibato lo llamen abuso, porque mucho antes es abuso el transgredir el celibato, y debe llamarse abuso feísimo el que los sacerdotes indebidamente se casen.

Que los sacerdotes nunca deben casarse testifica Aurelio en el Concilio reunido en Cartago, al decir: “Lo que los apóstoles enseñaron por medio de su ejemplo entonces, y lo que los antiguos también practicaban, esto debemos observarlo nosotros también”. En el contexto anterior se halla un canon que dice: nos place que los obispos, sacerdotes, diáconos y los que administren los sacramentos, guarden la castidad y se abstengan de las mujeres. De estas palabras aparece que esta tradición proviene de los apóstoles y que no fue inventada últimamente por la Iglesia. Agustín, sucesor de Aurelio en el obispado[65], discutiendo problemas del Nuevo y Antiguo Testamento, escribe de esta manera en cuanto al último, preguntando: Y si alguien por casualidad dice, ya que es lícito y bueno casarse,

---

65 Obispado de Cartago.

¿por qué no pueden los sacerdotes tener esposas? El papa Calixto[66] hombre santo y mártir, ya hace 1.300 años, ordenó que los sacerdotes no deben tener esposas. Lo mismo puede leerse en los concilios santos: el cesariense, neo-cesariense, africano, agense, gerundense, meldense, aurelianse. Así, ya desde el tiempo del Evangelio y de los apóstoles se ha practicado la prohibición, por ley, a todo aquel que viste hábitos sacerdotales, que tome esposa.

Es cierto que en la Iglesia Primitiva, por causa de la escasez de ministros, se permitía que hombres casados vistiesen hábito de sacerdote, como se ve claramente aun en las constituciones apostólicas y en la respuesta de Pafnucio[67] en el concilio de Nicea. Sin embargo, los que querían casarse tenían que hacerlo antes de entrar en el orden del subdiaconado, prescrito en el Canon. *Si quis eorum, dist. 32*. Esta costumbre de la Iglesia Primitiva se mantiene hasta hoy en día, y es practicada por las Iglesias griegas. Cuando empero la Iglesia aumentó, por la gracia de Dios, y ya no hubo escasez de ministros, el papa Siricio[68], hace 1.140 años, y ciertamente no careciendo del Espíritu Santo, mandó la castidad absoluta para los sacerdotes. *Canon, Plurimos, dist. 28*. Los papas Inocencio I, León Magno y Gregorio Magno reconocieron esto como correcto y lo confirmaron, y la Iglesia Católica lo ha practicado por todas partes hasta el día de hoy. De este argumento se comprueba suficientemente, que el celibato del clero no es un abuso, pues fue confirmado por esos padres santos ya hace tanto tiempo y fue aceptado por toda la Iglesia latina.

También los sacerdotes del Antiguo Testamento fueron separados de sus esposas durante el tiempo de su oficio y servicio en el templo, como

---

66 Calixto I: Biografía: papa sucesor de San Ceferino en 217 o 218 Era romano e hijo de Dominicio. Se dice que edificó la Basílica Transtiberina o del otro lado del Tibor, dedicada a la Virgen, y también se le atribuye la construcción del magnífico cementerio que lleva su nombre, en la Vía Apia; suponen otros que era anterior, y que Calixto lo mejoró, por lo que llevó su nombre, y aún hay quien sostiene que la Iglesia no tuvo cementerios propios hasta el siglo V. Afirman algunos que este Pontífice introdujo el uso de los vasos de plata en los oficios sagrados. A pesar de que vivía en tiempo de Alejandro Severo que, respetando a los cristianos, dejó en paz a la Iglesia. Calixto figura en el catálogo de los mártires. Dícese que después de haber estado preso, fue arrojado á un profundo pozo en el que los paganos echaron piedras y cascotes. Sucedió esto entre los años 222 á 226. Ha sido canonizado.

67 Pafnucio: Discípulo de San Antonio. N. en Egipto. M. hacia 360. Siendo religioso del monasterio de Pispir, le sacaron del convento para consagrarlo obispo de una ciudad cuyo nombre se ignora, situada en la Alta Tebaida. Durante la persecución de Galeno Maximiano se le condenó a las minas después de sacarle el ojo derecho y de cortarle la corva izquierda. Puesto en libertad, combatió el arrianismo y asistió al concilio general de Nicea.

68 Siricio - papa. N. en Roma en 324. M. en la misma ciudad en 398. Nombrado cardenal por Dámaso, fue nombrado en 384 para sucederle como papa. Escribió a Himerio, obispo de Terragona, una carta relativa a la administración de los sacramentos de Bautismo, de la Penitencia y del Sacerdocio. Con su prudencia y energía contribuyó a destruir el cisma de la Iglesia de Antioquía. Combatió a los donatistas, priscilianistas y maniqueos; convocó varios sínodos, uno en Roma, otro en Capua y un tercero en Milán. La Iglesia romana venera su memoria el 30 de noviembre.

Zacarías, según el orden de su turno (Lc 1:5-24). Siendo que el sacerdote del Nuevo Testamento debe ocuparse continuamente en su oficio, se deduce que debe mantenerse casto siempre.

Además, los casados no deben rehusarse mutuamente el debido pago (1 Co 3:5), a no ser por algún tiempo para darse a la oración. Ya que el sacerdote debe orar sin cesar, se desprende que siempre debe abstenerse de las mujeres. En estas razones avanzaron Jerónimo, Ambrosio y San Agustín.

Luego, San Pablo dice: "Yo os querría libres de cuidado. El célibe se cuida de las cosas del Señor, de cómo agradar al Señor. El casado ha de cuidarse de las cosas del mundo, de cómo agradar a su mujer" (1 Co 7:32-33). Por lo tanto, el sacerdote, que continuamente debe agradar a Dios, debe evitar el cuidarse de la mujer y no echar miradas hacia atrás como la esposa de Lot (Gn 19).

Además, la castidad sacerdotal fue indicada simbólicamente en el Antiguo Testamento. Pues Moisés, cuando había de recibir la Ley, mandó que durante tres días nadie tocase mujer (Ex 19:15). Por lo tanto, los sacerdotes que han de recibir a Cristo legislador, Señor y Salvador nuestro, mucho menos deben acercarse a las mujeres. Por razones iguales los sacerdotes tenían que vestir ropa interior de lino, para cubrir su desnudez (Ex 28:42), lo que era una señal del futuro celibato de los sacerdotes, dice Beda.

Cuando Ahimelec debía entregar los panes a los mozos de David, preguntó primeramente si ellos se habían abstenido de las mujeres. David contestó al sacerdote, diciéndole: "Eso sí, nos hemos abstenido ayer y anteayer, desde que salimos" (1 S 21:5-6). Por lo tanto, deben ser limpios siempre cuando toman el pan viviente, que descendió del cielo (Jn 6).

Tenían ceñidos los lomos al comer la Pascua (Ex 12:11). Por lo tanto, también los sacerdotes que muchas veces comen nuestra Pascua, Cristo, deben ceñir sus lomos con la abstención y la castidad.

Así les ordenó el Señor, que dijo: "Purificaos, los que lleváis los utensilios de Javé" (Is 52:11); "Sed santos, porque santo soy yo" (Lv 19:3). Por lo tanto los sacerdotes han de servir al Señor en santidad y justicia por toda su vida (Lc 1).

Por eso, el santo mártir Cipriano testifica que le fue revelado por el Señor y estrictamente mandado; que él debía amonestar con diligencia al clero, a que no tengan habitación con las mujeres. Por lo tanto, el celibato sacerdotal no ha de ser abolido por capricho propio del sacerdote, alabado sea Dios, porque fue mandado por los concilios y revelado por Dios. Por lo que el sacrificio sublime y excelente que ofrecen, la oración diaria y la libertad y santidad de la ley que, según San Pablo, les hace cuidar de agradar a Dios, exigen esta castidad.

Ya que es claro que esto es la antigua herejía de Joviniano, condenada por la Iglesia romana y sofocada por los escritos de San Jerónimo, y de la cual dice San Agustín que esta herejía debe ser apagada pronto para que no llegue a influir y pervertir así a los sacerdotes, los príncipes de ninguna manera deben permitir semejante perversión de los sacerdotes, pues seria para la eterna vergüenza y deshonra del Santo Imperio Romano, sino que mucho más deben adherirse a la Iglesia universal y no dejarse desviar por medio de aquello que en sentido contrario les fue presentado.

En cuanto a lo que San Pablo dice: "Mas por evitar la fornicación, tenga cada uno su mujer" (1 Co 7:2). Contesta Jerónimo: él habla de los que no hicieron votos. Así también Atanasio y Bulgario entienden este texto de San Pablo: "si la doncella se casa, no peca" (1 Co 7:28). Aquí habla de una doncella que no fue consagrada a Dios.

Asimismo en cuanto al texto, "mejor es casarse que abrasarse (1 Co 7:9), Jerónimo refutó enérgicamente a Joviniano, porque el mismo dice: "Bueno es al hombre no tocar mujer" (1 Co 7:1). Porque el sacerdote, por la gracia de Dios, tiene el medio de abstenerse, medio recibido de Dios a través de la oración fervorosa y disciplina de la carne, los ayunos y las vigilias, de tal manera que ni se quema tampoco tiene que casarse.

Bueno, en cuanto hemos dicho que Cristo enseñó que no todos los hombres son aptos para la vida célibe, esto ciertamente es verdad, y por eso todos no son aptos para el sacerdocio. Pero si el sacerdote reza diligentemente, entonces, será capaz de discernir la palabra de Cristo con respecto a la abstinencia, como dice San Pablo, "Todo lo puedo en Aquél que me conforta" (Fil 4:13), porque la abstinencia es don de Dios (Sabiduría 8:11).

Además, se pretende que es orden y mandato de Dios según Gn 1:28. A esto contestó Jerónimo, y hace mil años, al decir: Fue necesario primeramente plantar y dejar crecer el bosque, para que el hombre más tarde tuviera con qué construir. En aquel entonces fue mandado procrear hijos para habitar la tierra. Ya que ahora está habitada, y esto tanto que uno casi asfixia al otro, resulta, ahora, que no es mandado a los que pueden abstenerse.

En vano se glorían en el mandato divino; y, si pueden, que demuestren dónde ordenó Dios a los sacerdotes que éstos deben tomar esposas.

Por lo demás, según el derecho divino, los votos, una vez hechos, deben guardarse (Sal 40 y 75:12, [Vul. 76:11]; Ec 5:3). ¿Por qué no guardan ellos la clara ley de Dios?

Ellos tergiversan a San Pablo para hacerlo mandar que el obispo electo debe ser casado, pero San Pablo dice que debe ser marido de una sola mujer. Esto no ha de entenderse, que debe ser casado, porque, entonces, no eran obispos Martín, Nicolás, Tito, Juan el evangelista, ni aún Cristo mismo. Por eso, Jerónimo explica estas palabras de San Pablo, que el obispo debe ser marido de una sola mujer, al decir, que no debía haber tenido dos esposas, una tras otra. La verdad de esta exposición se demuestra no solamente con la palabra de Jerónimo, autoridad que, con todo, debe ser alta y justamente apreciada por cada católico, sino también con lo que San Pablo escribió respecto a la viuda: "No sea elegida ninguna viuda de menos de sesenta años, mujer de un solo marido" (1 Ti 5:9).

A que ellos refieren, finalmente, al acto alemán en contra del celibato,[69] 1) ellos refieren a un mero hecho y no a un derecho. Pues, cuando el emperador Enrique IV estaba en desacuerdo con el papa y también con su hijo y los príncipes del imperio, y declaró la guerra, se juntaron en uno el derecho humano y el divino, de tal manera que, en aquel entonces, los legos osadamente rezaron la misa, usaron barro en lugar de óleo santo, bautizaron y se atrevían a hacer muchas otras cosas que eran en contra de la religión cristiana. Con una desobediencia semejante, los clérigos también cometieron excesos, y ahora no pueden pretender que son derechos.

Tampoco era incorrecto separar de nuevo los matrimonios impíos que se contrajeron ilegalmente contra los votos y las disposiciones de los padres y de los concilios. Así, también hoy en día, los matrimonios sacerdotales con las supuestas esposas son inválidos. Por eso se quejan en vano, que el mundo va declinando y este remedio debe ser concedido a los débiles. Porque los que están consagrados a Dios tienen otros remedios para esta debilidad (flaqueza), a saber, deben evitar el compañerismo de las mujeres, no deben estar ociosos, deben disciplinar su carne con ayunos y vigilias, deben evitar que sus sentidos externos, especialmente de los ojos y oídos, sientan lo que no conviene; los ojos, para que no vean la vanidad. Finalmente, deben despedazar en la roca los pensamientos pequeños, es decir, los carnales, y la roca es Cristo; deben restringir sus deseos y llamar e invocar a Dios Santo continuamente en devoción verdadera. Estos sin duda son los remedios más fuertes que benefician a las personas que sirven a la Iglesia y a Dios, a que permanezcan en la castidad.

San Pablo, con razón, dijo que era doctrina del diablo, la vedar el matrimonio. Los herejes Taciano y Marción eran tales, y son mencionados por

---

69 Ver Confesión de Augsburgo Art. XXIII, "y en Alemania, hace cuatrocientos años que por vez primera los sacerdotes fueron llevados al celibato por la fuerza; ellos se resistieron tanto que el arzobispo de Maguncia... casi fue muerto en el tumulto por los sacerdotes encolerizados."

Agustín y Jerónimo, pero la Iglesia no veda completamente el matrimonio, ya que cuenta el matrimonio entre los siete sacramentos. Con esto queda en pie, que la Iglesia exige una santidad superior a los ministros de la Iglesia, gracias a su alto puesto. Es falso que exista un mandamiento de Dios en cuanto a casarse; de otra manera, hubieron pecado Juan el evangelista, Santiago, San Laurencio, Tito, Martín, Catarina y Bárbara.

Cipriano, en las palabras que ellos citan, no habla de una doncella que hizo un voto sagrado, sino de una que propuso abstenerse del matrimonio, como demuestra bien el principio del segundo capítulo del libro primero. Pues es cierto que según el parecer de San Agustín, es condenable para las doncellas que hacen votos, no solamente el casarse sino también el querer casarse. Por lo tanto, el abuso del matrimonio y el violar los votos no han de permitirse de ninguna manera entre el clero.

CONFUTACIÓN

DE LA MISA

Lo que dice este artículo concerniente al santo oficio de la misa, en armonía con la santa Iglesia romana y apostólica, esto es aceptado. Pero lo que se agrega, lo cual es contrario a la observación de la Iglesia universal y católica, esto es rechazado, porque provoca, en sumo grado, la ira de Dios, hace daño a la unidad cristiana y despierta desunión y rebelión en el Santo Imperio Romano.

En cuanto a los puntos presentados en este artículo, nos disgusta primeramente esto, que ellos celebran, en gran parte, la misa y las demás ceremonias religiosas en el idioma alemán y no en el romano, contradiciendo la práctica de toda la Iglesia romana; y que ellos pretenden hacerlo según el mandato de San Pablo, quien enseñaría que en la Iglesia ha de usarse el idioma que el hombre común puede entender (1 Co 14:2, 9). Si este fuese el sentido de las palabras de Pablo, tendrían ellos que celebrar toda la misa en el idioma alemán, cosa que tampoco hacen.

Ya que el sacerdote es persona común a toda la Iglesia, y no solamente a los circunstantes vecinales, no es de maravillarse que el sacerdote rece la misa en latín en la Iglesia latina.

Es de beneficio también al alemán que él oiga el idioma latín, si en la fe de la Iglesia asiste a la misa. La experiencia enseña, que hubo mayor devoción entre los alemanes piadosos cuando oyeron la misa en un idioma desconocido, que hoy en día entre los que oyen misa en el idioma alemán. Si se emplean correctamente las palabras del apóstol, entonces basta a aquel que contesta, que él ocupe el puesto del lego, es decir que diga amén. Los cánones también prescriben esto. No es necesario que oiga y entienda todas las palabras de la misa, (o que siempre ponga la misma atención diligente en ellas), porque es mejor que entienda y medite en el porqué de celebrar la misa, a saber, que se ofrece la eucaristía para recordar la pasión de Cristo.

Debe considerarse también, que, según la opinión general de los padres, los apóstoles y sus sucesores, hasta el tiempo del emperador Adriano, celebraron la misa sólo en el idioma hebreo, mayormente desconocido a los conversos paganos. Aunque, ya en aquel entonces, se celebrara la misa en un idioma conocido y usado por la gente común, sin embargo, ahora, no es necesario, porque en aquel entonces, cada día se convirtieron muchos a la fe cristiana que no sabían nada de las ceremonias y misterios de la Iglesia cristiana. Por eso, era bueno para ellos que a veces entendiesen las palabras del oficio. Pero actualmente los católicos, ya desde la niñez, son educados en las costumbres y prácticas de la Iglesia, y, por eso, fácilmente pueden darse cuenta de lo que han de hacer cada momento en la Iglesia.

Que ellos se quejan de los abusos en la misa: no hay hombre sensato que no quisiera que se ponga fin a estos abusos. Pero que viven del altar los que sirven al altar, esto no es abuso, sino que concuerda con la ley divina y humana. Pues, ¿quién jamás milita a sus propias expensas? dice Pablo (1 Co 9:7). "¿No sabéis que los que ejercen las funciones sagradas viven del santuario, y los que sirven al altar, del altar participan?" (1 Co 9:13). Y Cristo dice: "El obrero es acreedor a su sustento" (Mt 10:10).

Sobre todo, es de condenar que en algunos lugares se descontinuaron las misas privadas, so pretexto de que éstas, como también las otras, se rezaban por causa de las ganancias, a pesar de tener ya grandes rentas. Por medio de esta abolición de las misas se disminuye el culto a Dios, se resta honor a los santos, se viola y anula el testamento de los moribundos, se roba los sufragios a los difuntos y se enfría y se merma la devoción de los vivientes. Por eso, no se puede permitir ni conceder, de ninguna manera, que las misas privadas sean abolidas.

Tampoco se entiende completamente lo que quieren decir cuando objetan y dicen que Cristo hizo satisfacción por el pecado original e instituyó la misa para los pecados actuales[70], porque entre los católicos jamás se oyó de cosa semejante, y los que actualmente fueron interrogados, tes-

---

70 Confesión de Augsburgo Art. 24: (Es una innovación inaudita en la Iglesia, enseñar que Cristo por su muerte hizo satisfacción solamente por el pecado original y no al mismo tiempo por todos los pecados. Por eso confiamos que todos comprenderán que este error no ha sido reprobado sin causa suficiente).

tifican firmemente, que ellos nunca enseñaron tal cosa. La misa no borra el pecado, mas, éste es curado por medio de la penitencia, como por una medicina especial. Borra el castigo por el pecado, cumple con la satisfacción, aumenta la gracia, es saludable para los vivientes, y finalmente trae la esperanza en la ayuda y el consuelo divino a los tentados y necesitados.

Además, objetan diciendo que Cristo no es sacrificado en la misa. Esto debe ser rechazado completamente, por ser cosa ya condenada y desechada por los cristianos, pues esto es la antigua herejía de los arrianos, que negaban, según San Agustín, que se ofrece en la misa un sacrificio para los vivos y los muertos. También contradice a la Sagrada Escritura y a toda la Iglesia católica, porque Dios, por medio del profeta Malaquías, profetizó la reprobación de los judíos, la llamada de los gentiles y el sacrifico de las admoniciones evangélicas, diciendo: "No tengo en vosotros complacencia alguna, dice Yavé Sebaot, no me son gratas las ofrendas de vuestras manos. Porque desde la salida del sol hasta el ocaso es grande mi nombre entre las gentes y en todo lugar se ofrece a mi nombre un sacrificio humeante y una oblación pura" (Mal 1:10-11). Ahora bien, no hay sacrificio puro ofrecido en todas partes, menos la santísima eucaristía en el sacrificio del altar. Este testimonio usaron San Agustín y otros católicos en contra de los judíos infieles, y debe valer más entre los príncipes católicos que todas las réplicas de los adversarios.

El mismo profeta, hablando de la llegada del Mesías, dice: "Se pondrá a purgar a los hijos de Leví, y los depurará como se depura el oro y la plata, para que ofrezcan a Yavé sacrificio de justicia. Entonces agradará a Yavé el sacrificio de Judá y de Jerusalén, como en los días pasados, y como en los años antiguos" (Mal 3:3-4). Aquí el profeta profetizó, en espíritu, a los hijos de Leví, es decir a los sacerdotes evangélicos, según dice Jerónimo, y que iban a sacrificar con justicia y no con la sangre de machos cabríos. Por eso se repiten, en los santos cánones sobre la misa, estas palabras en el mismo sentido con que el profeta las escribió.

Así habló también el ángel a Daniel: "Muchos serán purificados, emblanquecidos y depurados; los impíos seguirán el mal y ninguno de los malvados entenderá, pero los que tienen entendimiento comprenderán. Después del tiempo de la cesación del sacrificio perpetuo y del alzar la abominación desoladora, habrá mil doscientos noventa días" (Dn 12:10-11). Esta profecía debe cumplirse, pero todavía no se cumplió, según testifica Cristo en Mt 24 (v. 15). Entonces, el sacrificio diario de los cristianos terminará cuando venga la futura abominación, es decir, el anticristo, como ahora en algunas iglesias ya en parte termina; y él se sentará en lugar de la desolación, a saber, cuando las Iglesias serán desoladas, cuando ya no serán catadas las *horae canonicae* en ellos, no se rezarán misas, no se administrarán sacramentos, no habrá altares, ni cuadros de los santos, ni velas, ni adornos.

Por eso, deben ser exhortados todos los príncipes y los fieles súbditos del Imperio Romano, a que ellos no hagan, ni tampoco cedan en algo, por lo cual se prepara el camino para la muy manifiesta conducta impía del anticristo, cuando la Iglesia universal, es decir, la católica, huirá al desierto, como lo vio San Juan en espíritu, donde hay para ella un lugar preparado por Dios y donde será sustentada por mil doscientos sesenta días (Ap 12).

Finalmente, San Pablo dice: "Pues todo Pontífice tomado de entre los hombres, en favor de los hombres es instituido para las cosas que miran a Dios, para ofrecer ofrendas y sacrificios por los pecados" (Heb 5:1). Ya que el sacerdocio oficial no termina en el Nuevo Testamento, mas, se convierte en otro mejor, por eso, también hoy en día, el sumo sacerdote y todo el sacerdocio deben ofrecer en la Iglesia un sacrificio externo, que no es otra cosa que la eucaristía.

Se puede referir aquí a lo que está escrito en Los Hechos de los Apóstoles, cap. 13, según la nueva traducción;[71] a saber, que Bernabé, Simeón, Lucio de Cirene, Manahem y Saulo ofrecieron sacrificio. Esto debe entenderse correctamente como una referencia a la misa, mencionada como liturgia por los griegos, y no de un sacrificio a los ídolos.

Ya demasiado suficiente es el testimonio de todos los santos padres, que la misa en la Iglesia es un sacrificio. San Ignacio, discípulo del apóstol San Juan, dijo[72]: Sin el obispo no hay que ofrecer el sacrificio, tampoco rezar la misa. Ireneo, discípulo de Juan evangelista, testifica que Cristo enseño un sacrificio nuevo del Nuevo Testamento, y que la Iglesia lo recibió de los discípulos y lo ofreció por todas partes del mundo. Este obispo, que vivía poco después del tiempo apostólico, testifica que el sacrificio evangélico se ofreció a través del mundo entero. Lo mismo enseñan: Orígenes, Cipriano, Jerónimo, Crisóstomo, Agustín, Basilio, Hilario, etc., cuyas palabras omitimos aquí para abreviar. Por lo tanto, siendo que la Iglesia Católica, desde el tiempo de los apóstoles, siempre, a través de todo el mundo cristiano, lo enseñó y lo aceptó así como actualmente lo acepta, esto debe aceptarse y quedar así en el futuro por dondequiera sin contradicción alguna.

---

71 Nacar Colunga: "Mientras celebraban la liturgia en honor del Señor."

72 Cf. "Las Cartas de San Ignacio de Antioquía", Ed. Desclée, De Brouwer, Bs. As., 1945: — a los Esmirnenses, 8: No es lícito bautizar ni celebrar el ágape (eucarístico) sin la autoridad del obispo; — a los Magnesios, 7: así también vosotros, nada hagáis sin el obispo y los presbíteros.

Así el texto de San Pablo a los Hebreos no está en contra del sacrificio de la misa, al decir: "De manera que con una sola oblación perfeccionó para siempre a los santificados" (He. 10:14), porque San Pablo habla de la oblación del sacrificio cruento, el cordero sacrificado sobre el altar de la cruz, sacrificio que sucedió, por cierto, una sola vez, y de donde todos los sacramentos y también el sacrificio de la misa tienen su poder. Por eso, fue sacrificado una sola vez sobre la cruz, por derramamiento de su sangre, pero, actualmente, cada día, es sacrificado en misterio en la misa, sin pasión, como fue ofrecido típica y simbólicamente en el Antiguo Testamento.

Finalmente, las mismas palabras enseñan que la misa es un sacrificio, pues *Missa* no quiere decir otra cosa que un sacrificio sobre el altar, lo que en hebreo sé llama *Misbeach*, y en griego *thusiastérion*.

Ya fue aclarado arriba de manera suficiente que, correctamente hablando, no somos justificados por la fe, sino por el amor. Pero, cuando se habla de esta manera en la Sagrada Escritura, cada católico sabe que se trata de *Fide Formata*, de la fe que opera por medio del amor y las buenas obras (Gl 5), y que la justificación empieza por fe, porque "es la fe la firme seguridad de lo que esperamos" (Heb 11:1).

No niegan tampoco que la misa es una conmemoración de la pasión de Cristo y de las bondades de Dios. También el prototipo del cordero pascual, que al mismo tiempo era un sacrificio y una conmemoración, lo afirma, Lv 12, y se lo representa en la Iglesia Católica no solamente con palabras y sacramento, sino también con utensilios y vestimenta sagrados. Pero, para conmemorar el sacrificio en la cruz, la Iglesia ofrece a Dios, Padre Todopoderoso, la eucaristía en misterio.

No se critica entonces, que los príncipes y las ciudades celebran una misa común en sus iglesias, si lo hacen correctamente según el santo canon, como lo hacen todos los católicos. Pero, la profesión cristiana no permite que ellos pongan fin a todas las demás misas.

Nadie critica, tampoco, que, hace poco, todos los presentes comulgaron. Quiera Dios, que todos ellos sean aptos para participar dignamente de este pan todos los días. Y si ellos creen que es menester tener una misa, cuanto más menester serían muchas misas, que ellos indebidamente han suprimido.

Considerando todas estas razones mencionadas, es de desear que ellos supriman y rechacen completamente el celebrar la misa según la nueva forma, editada por ellos y ya enmendada muchas veces, y que acepten de nuevo el celebrar la misa según la manera antigua, siguiendo la costumbre y la práctica de la Iglesia de los alemanes y de toda la cristiandad, y que restituyan, según el testamento del fundador, las misas suprimidas; ya que, haciendo esto, pueden crear de nuevo para sí mismo bendición y honor, y para toda la tierra alemana, paz y tranquilidad.

CONFUTACIÓN

DE LA CONFESIÓN

En cuanto a la confesión, quedamos con la respuesta y la opinión ya expresada arriba en el artículo XI, porque es incorrecto que ellos tomen lo que Crisóstomo dijo con respecto a la confesión pública, y lo aplican a la confesión sacramental y sacerdotal. Sus palabras dicen esto claramente, ya que al principio dijo: No te digo que debes revelarte públicamente y acusarte ante los demás. Así contestaron Graciano y Longobardo, hace trescientos años, y esta respuesta se aclara aún más en otras citas de Crisóstomo, por ejemplo, cuando en el vigésimo noveno sermón habla acerca del penitente: En su corazón tiene pena por el pecado y se confiesa, y demuestra la humildad verdadera con sus obras. Esto es una penitencia completa y fructífera. ¿No habla aquí expresamente de tres partes de la penitencia? De la misma manera enseña él en la décima homilía sobre San Mateo, en cuanto al tiempo exacto de confesarse, y que después de esto, por medio de la penitencia, se curan las llagas abiertas del pecado. ¿Cómo se manifiestan los pecados, si no se revelan al sacerdote por medio de la confesión? Así es que Crisóstomo mismo en muchos lugares refuta esta opinión, y Jerónimo también la echa del todo al suelo, diciendo: en caso de que la serpiente, el diablo, muerde a alguien secretamente, y, ya que nadie lo sabe, entonces lo envenena con el veneno del pecado, y se enmudece el que fue herido, y no hace penitencia, ya que no quiere confesar sus heridas al hermano y maestro. Si el enfermo tiene vergüenza de revelar su enfermedad al médico, entonces la ciencia médica no puede curar la enfermedad que desconoce. Por eso, los príncipes y las ciudades deben creer mucho más a estos renombrados maestros antiguos, que en las glosas que algunos hacen en el decreto, y que, con todo, son impugnadas y rechazadas por los doctos.

Por lo tanto, ya que una confesión completa no solamente es necesaria para la salvación, sino que también es el vínculo más importante para la educación cristiana y toda la disciplina eclesiástica, ellos deben ser amonestados a que se mantengan en este asunto conforme a la Iglesia ortodoxa. Como testifica Jerónimo, esa opinión de ellos, es la misma herejía de los montanistas, condenados ya hace más de mil doscientos años, porque tenían vergüenza de confesar sus pecados. Por eso, ellos no deben seguir el error de Montano, mas, con razón deben seguir a los padres santos y toda la Iglesia Católica, ordenando que cada uno mantenga la confesión en la iglesia de su territorio, por ser la confesión el más precioso tesoro de la Iglesia de Dios, conforme a la norma de la fe y la costumbre universal.

CONFUTACIÓN

DE LA DIVISIÓN DE LAS COMIDAS

(De las tradiciones humanas)

Debe ser rechazado lo que ellos presentan, luego, sobre la distinción de comidas y disposiciones semejantes, cosas menospreciadas por ellos. Pues del apóstol (Pablo) sabemos que toda autoridad viene de Dios y que la autoridad espiritual especialmente fue dada por Dios para edificación. Por eso, las disposiciones de la santa Iglesia católica y apostólica deben ser aceptadas por parte de los corazones, leales a esta una santa Iglesia cristiana; ya que ellas sirven a la Iglesia tanto para aumentar el culto como para disciplinar los deseos de la carne; ya que ellas hacen más aptos a los fieles para guardar los mandamientos divinos y para educarse en la Sagrada Escritura. El que las menosprecia o el que se opone insolentemente a ellas, éste provoca la ira de Dios, según la palabra de Cristo el Señor: "El que a vosotros oye, a mí me oye, y el que a vosotros desecha, a mí me desecha" (Lc 10:16). Es menospreciado el prelado cuando son menospreciados sus reglamentos, y San Pablo dice: "Quien estos preceptos desprecia no desprecia al hombre, sino a Dios, que os dio su Espíritu Santo" (1 Ts 4:8); y, al hablar a los obispos, dice: "Mirad por vosotros y por todo el rebaño, sobre el cual el Espíritu Santo os ha constituido obispos, para apacentar la Iglesia de Dios" (Hch 20:28).

Si los prelados tienen autoridad para gobernar, entonces es necesario que tengan autoridad para hacer reglamentos para gobernar mejor a la Iglesia y beneficiar a los súbditos. El mismo apóstol mandó a los corintios que todo debe llevarse a cabo entre ellos en orden (1 Co 14). Esto no puede realizarse sin leyes. Por eso, mandó a los hebreos, diciendo. "Obedeced a vuestros pastores" (Heb 13:17), donde Pablo no solamente exige la obediencia sino también indica por qué deben obedecer.

Esa autoridad la usó San Pablo al dar, además del Evangelio, tantas leyes: sobre la elección del obispo, respecto a las viudas, y las mujeres; que éstas deben cubrir la cabeza y callarse en la asamblea; y también sobre otras cosas (1 Ts 4), sobre procesos civiles (1 Co 6), y dice muy claramente a los corintios: "A los demás digo yo y no el Señor" (1 Co 7:12).

En otro lugar, dice él: "Manteneos, pues, hermanos, firmes, y guardad las enseñanzas que recibisteis, ya de palabra ya por nuestra Carta" (2 Ts 2:15). Por eso deben ser amonestados los príncipes y las ciudades, a que obedezcan las disposiciones y reglamentos de la Iglesia, y que den prueba de ello, para que no suceda otra vez, que, habiendo robado a Dios de su debida obediencia, sean despreciados por sus súbditos, quienes negarían la debida obediencia a ellos; cosa que hicieron en la última sublevación de los paisanos. Por eso deben usar de cuidado, para que no se desvíen por causa de doctrina falsa.

Están también completamente equivocados, cuando dicen, que por medio de semejantes disposiciones, se obscurece la justicia por la fe. El que querría guardarlas sin fe tendría que ser insensato y loco, pues fueron ordenadas a los creyentes y no a los turcos y árabes. "¿Pues qué a mí juzgar a los de afuera?" dice San Pablo (1 Co 5:12). Cuando ellos aquí alzan la fe por encima de todo, contradicen en esto a San Pablo y lo cercenan, como ya hemos dicho arriba, haciéndolo hablar de las obras evangélicas, cuando él se refiere a las obras de la ley. Pero, ya arriba fueron rechazados todos esos errores.

También están equivocados, al afirmar que las disposiciones oscurecen los mandamientos de Dios, porque ellas son útiles al hombre que debe guardar los mandamientos divinos, como, por ejemplo, los ayunos que apagan y matan la sensualidad de la carne para que no llegue a ser lasciva.

También es mentira, que sea imposible guardar las disposiciones, porque nuestra Madre, la Iglesia, no carece en tal grado de misericordia que no sepa dispensar algo en caso de urgencia, en cuanto a observar los días de fiesta, los ayunos, etc.

Citan aquí erróneamente a San Agustín, *ad inquisitionem Januarri*, pues éste les contradice directamente, cuando, en el mismo contexto, expresamente concluye que debe guardarse por parte de todos lo que por parte de la Iglesia se enseña y se guarda común y universalmente. Las cosas indiferentes[73] son libres para ser guardadas o no guardadas. Así el padre S. Agustín y el bendito Ambrosio concluyen, que debe guardarse la costumbre de cada iglesia, pues, como dijo, cuando estoy en Roma, ayuno; cuando estoy aquí no ayuno.

---

73 Adiáforas.

Además tergiversan la Sagrada Escritura cuando quieren apoyar sus errores en ella, pues Cristo, en Mateo 15, no condena llanamente todas las disposiciones humanas, sino solamente las que contradicen la ley de Dios, como se ve en Marcos, capítulo 7, y allí en Mateo 15:3: "Por qué," dice Cristo, "traspasáis vosotros el precepto de Dios por vuestras tradiciones?" Así ordena Pablo en Col. 2 que ninguno debe juzgar en cuanto a comer y beber y días de fiesta, según el uso judío, pues la Iglesia no considera inmunda la carne cuando prohíbe comerla, como opinaban los judíos de la sinagoga.

De esa manera citan, en sentido equivocado, el texto en que Cristo habla de lo que pasa por la boca, porque Cristo, el Señor, quiso poner fin al error de los judíos, que creían inmundo el alimento tocado con manos no lavadas, e inmundo también el que lo comiera, como se aclara del contexto; y la Iglesia no quiere imponerse estas disposiciones, repitiendo a Moisés quien, con mano fuerte, hizo estas imposiciones a los feligreses.

De la misma manera interpretan arbitrariamente a San Pablo que identifica, como doctrina de demonios, la prohibición de comidas (1 Ti 4); como por ejemplo, los tacianos, marcionitas y maniqueos, que creían inmunda la comida, y esto se ve de las palabras siguientes, que San Pablo agrega: "Porque toda criatura de Dios es buena". La Iglesia no prohíbe los alimentos porque son malos e inmundos, sino para hacer la gente más apta en obedecer los mandamientos de Dios, y por eso, se rechazan los argumentos contrarios.

Si ellos permitiesen alabar la cruz y la disciplina corporal y los ayunos, para que el cuerpo sea hecho dócil, nosotros tendríamos mucho gusto en conceder esta parte de su doctrina, pero, en vista de que ellos quieren libertad en todo esto, es necesario que sea condenada y rechazada por ser completamente contraria a la fe y la disciplina eclesiástica. No les ayuda nada el apelar a la discriminación entre las disposiciones eclesiásticas, porque, a pesar de que existen diferencias entre algunas ceremonias específicas, cada país siguiendo su propia práctica, sin embargo, las disposiciones eclesiásticas universales deben ser guardadas de la misma manera universalmente, y las disposiciones particulares de cierto país, según el uso allí.

No comprueba nada lo que ellos presenten con respecto a la Pascua de Resurrección, porque finalmente los papas romanos lograron conducir a los de Asia a celebrar la Pascua de una manera igual a la de la Iglesia universal. Así que hay que entender también a Ireneo. Sin perjudicar la fe, se celebran en Francia ciertos días de los apóstoles sin ayunar, mientras en Alemania se los celebran ayunando.

Deben ser amonestados los príncipes y las ciudades a que sigan el decreto del papa Gregorio, que ordena, que debe observarse la costumbre de cada país en cuanto ésta no esté en contra de la fe católica, *C. Quoniam consuetudinem, dist. 12*, y de allí sabemos, que en la unidad de la fe, puede haber diferencias en las ceremonias, y que en cada país debe observarse la práctica heredada de los antiguos y aceptada, sin prejuicio, por supuesto, a las prácticas y ceremonias, universales de toda la Iglesia Católica.

CONFUTACIÓN

DE LOS VOTOS MONÁSTICOS

Aunque por sugestión de algunos se presentan en este artículo muchas cosas de diversa índole, sin embargo, se encuentra, al considerar todo con ánimo maduro, que los votos monásticos se fundan en el Antiguo y en el Nuevo Testamento, y que mucha gente piadosa que ha obrado milagros y llevado una vida maravillosamente santa, ha vivido en este orden con muchos miles y miles de otros, y que sus reglamentos fueron aceptados y aprobados por la Iglesia Católica por muchos cientos de años a través del mundo cristiano. Por lo tanto, no ha de permitirse, que, sin toda piedad, estos votos sean violados con ligereza y a propósito.

En el Antiguo Testamento Dios alaba los votos de los nazareos (Nm 6), y los votos de los recabitas, quienes no tomaban vino ni comieron uvas (Jer 35).

Dios también exige seriamente que el voto hecho, debe cumplirse sin réplica (Dt 23), y el que retracta de su voto se prepara un lazo (Pr 20), pero aceptos son los votos de los piadosos (Pr 15).

Además, Dios también enseña por medio de los profetas, que él tiene agrado especial en los votos monásticos: "Porque así dice Yavé a los eunucos, a los que guardan mis sábados, y eligen lo que me es grato y son fieles a mi pacto: Yo os daré en mi casa, dentro de mis muros, poder y nombre eterno, que nunca perecerá" (Is 56:4-5). ¿A qué eunucos dice Dios esto? Por cierto son aquellos, a quienes Cristo alaba, que a sí mismo se han hecho eunucos por amor del reino de los cielos, que niegan su propia voluntad, toman su cruz y negándose a sí mismos, toman cada día su cruz y siguen a él (Lc 9), para que ya no vivan su propia voluntad y regla, sino, según las de su Señor.

Mejor hacen también las vírgenes, según testifica San Pablo, quienes abandonan el mundo, desprecian sus deseos, y hacen voto de virginidad en los conventos y lo cumplen, que aquellas quienes se someten al yugo matrimonial. Así dice San Pablo: "Quién, pues, casa su hija doncella, hace bien, y quien no la casa hace mejor" (1 Co 7:38). Luego dice de la viuda: "Más feliz será si permanece así, conforme a mi consejo".

Nadie desconoce la santidad de los santos monjes, S. Pablo el Ermitaño;[74] S. Basilio;[75] S. Antonio Abad;[76] S. Benito;[77] S. Bernardino de Seña;[78] S. Domingo;[79] San Francisco de Asís;[80] S. Guillermo;[81] San Agustín;[82] Clara;[83] Brígida;[84] y otros, quienes, por amor al Señor Jesucristo, tenían a menos el reino de este mundo y toda su gloria. También hace ya mucho que se condenó la herejía de los lampertianos[85] quienes querían resucitar de nuevo la herejía de Joviniano de Roma.[86]

Por eso, debe rechazarse todo lo que presentan en este artículo contra la vida monástica, a saber, que en los días de San Agustín eran colegios libres, que posteriormente se impusieron a los monasterios los votos; ya que lo contrario es la verdad, a saber, que los monasterios llegaron a existir después de los votos.

En cuanto a los conventos para monjas: Aunque son instrumentos débiles, sin embargo, es de suficiente dominio público que, en muchos conventos aun entre los de estos príncipes y estas ciudades, las santas monjas, una vez hechos sus votos, quedaron y permanecieron más fieles y en mayor grado que los monjes lo hicieron. Hasta el día de hoy, no se ha podido desviar a ellas de sus santos propósitos, por medio de ruegos, palabras zalameras, amenazas, sustos, opresiones, y cargas.

Por eso, de ninguna manera debe ser concedido lo que aquí interpretan malísima y contrariamente, ya que está expresado en la Palabra de Dios, que la vida monástica merece la vida eterna y aun mucho más, si es llevada con la debida obediencia, cosa que cada religioso puede cumplir con la gracia de Dios. Pues Cristo les promete: "Todo el que dejare hermanos

---

74 Primer anacoreta. N. en la Tebaida (Egipto) en 228. M. en el mismo país a 15 de enero de 342 (347, dice Llorca).
75 Arzobispo de Cesarea (Capadocia). N. en Cesarea hacia el año 330. M. en el día 1 de enero de 379.
76 También llamado el Solitario; a principios del siglo IV se retiró al desierto de Egipto e hizo vida solitaria.
77 Abad y fundador. N. en el año 480 en las cercanias de Nuria (ducado de Espoleto); M. en el día 21 de marzo de 543.
78 N. en Masa (Estado de Sena) en el día 8 de septiembre de 1380; M. en el día 2 de mayo de 1444.
79 Cenobita italiano, M. en Fontavellano en 14 de octubre de 1060.
80 Fundador de la Orden de su nombre. N. en 1182. M. en 1226.
81 Duque de Aquitania. M. a 28 de mayo de 812.
82 Obispo de Hipona, 354-430.
83 Virgen y abadesa. Fundó la orden de las clarisas, 1193-1253.
84 Virgen y abadesa, patrona de Irlanda, muerta en 525.
85 Lampert von Hersfeld, desde 1058 monde en Hersfeld; M, después de 1080.
86 Herede del siglo IV.

o hermanas, o padre o madre, o hijos o campos, por amor de mi nombre, recibirá el céntuplo y heredará la vida eterna" (Mt 19:29).

No se niega que anteriormente, los conventos eran escuelas: tampoco es desconocido que, al principio, eran escuelas de la piedad y disciplina cristiana, y que más tarde se agregaron al curso de estudio otras materias.

Pero, ya que nadie, después de haber puesto la mano sobre el arado, mira atrás, es apto para el reino de Dios (Lc 9:62), deben considerarse, según la regla de las Sagradas Escrituras y según el derecho civil y eclesiástico, como impiedad y condenarse toda violación del matrimonio y de los votos por parte de los monjes y monjas que renegaron su primera fe, y condenados, según Pablo dice en 1 Ti 5.

Ya en el segundo artículo, sobre los abusos, se aclaró que los votos no están en contra del orden divino.

Y no convencen a nadie cuando quieren apoyarse en la dispensación porque, a pesar de que el papa tal vez concediera dispensación al rey de Aragón, quien, como se lee, después de recibir su heredero entró de nuevo en el convento, o que concediera dispensación a otro príncipe, esto sucedió por motivo de guardar la paz, para que un reino o país entero no se hallare desierto y en necesidad extrema por causa de las guerras, asesinatos, robos, impudicias, incendios y homicidios. Pero las personas privadas que abandonan su orden y sus votos, no pueden con razón presentar semejantes motivos para una dispensación.

También rechazamos lo que ellos pretenden, al decir que se hacen votos en cosas imposibles, porque la continencia no es cosa imposible, ya que muchos miles de hombres y vírgenes lo han hecho. Aunque diga el sabio: "yo sé, que no puedo abstenerme, si Dios no lo conceda", sin embargo, Cristo prometió: "Pedid, y se os dará" (Lc 11 y Mt 18); y San Pablo dice: "Fiel es Dios, que no permitirá que seáis tentados sobre vuestras fuerzas, antes dispondrá con la tentación el éxito, para que podáis resistirla (1 Co 10:13).

Ellos guardan muy mal su propia causa, al confesar, que la violación de los votos merece castigo. Pues, se entiende a ellos así, que a los religiosos está vedado el matrimonio por todos los derechos, pero estos derechos deben ser anulados, *C. Continentiae 27 quaest, 1*, como también muchas antiguas leyes imperiales ordenan.

Pero, que ellos se aplican el *canon Nuptiarum*, con esto no logran nada, porque este canon no habla de los votos comunes, sino habla de los votos sagrados, como mantiene la Iglesia hasta el día de hoy. Por lo tanto, nunca eran correctos los matrimonios de los monjes, monjas o sacerdotes.

También rechazamos lo que ellos pretenden, al decir, que la vida monástica es de origen humano, porque está fundada en las Sagradas Escrituras por el Espíritu Santo e inspirada en los benditos padres, y no resta nada a la gloria de Cristo, porque los religiosos cumplen todo para la gloria de Cristo siguiendo a él.

Es una equivocación, entonces, cuando ellos condenan por impiedad el culto en los conventos, ya que este es un culto máximo cristiano. Los religiosos no cayeron de la gracia de Dios como los judíos, de quienes San Pablo dice en Gl 5, que todavía buscan la justicia por medio de la ley de Moisés. Al contrario, los religiosos se ocupan en vivir más de acuerdo al Evangelio para ganar la vida eterna. Por eso, es impío todo lo que aquí se presenta en contra de la vida monástica.

Lo que ellos en forma odiosa nos echan en cara, a saber, que los monjes pretenden estar en la perfección completa, esto nunca se ha oído por parte de los religiosos, porque ellos mismos no se atribuyen la perfección. Sus reglas y disciplinas son instrumentos para alcanzar la perfección, y no son la perfección misma. De esta manera hay que entender a Gerson, quien no niega que las órdenes monásticas sean estados para alcanzar la perfección, como él lo expone en el tratado *contra propietarios*, en la regla de San Agustín, en el tratado de *consiliis evangelicis*, en el tratado de *perfectione cordis* y en otros lugares. Por lo tanto, los príncipes y las ciudades deben ser amonestados, a que estén contentos con esto, a saber: que se reformen los monasterios por medio de los superiores y mayores legítimos, y que no sean suprimidos completamente, y que los religiosos sean amonestados piadosamente y que se mejoren más bien que sean exterminados completamente, como también hicieron sus antepasados benditos los príncipes cristianos.

Si ellos no quieren creer a los piadosos y santos padres en cuanto a los votos monásticos, que escuchen entonces la suma majestad imperial a saber, al emperador Justiniano,[87] en su *authentitica de Monachis, Coll. I.*

CONFUTACIÓN

DEL PODER ECLESIÁSTICO

Aquí, en cuanto al poder eclesiástico, mucho se ha entretejido; también se usó de un odio impropio. Merece ser aclarado, pues, que conviene dejar en paz y sacrosanto todo el poder eclesiástico que corresponde, ya sea por

87 Emperador de Oriente de 527-565.

derecho ya sea por tradición, a los dignísimos obispos y sacerdotes, como también a todo el clero; que éstos deben retener toda la libertad, los privilegios, las dignidades y prerrogativas concedidos a ellos por los benditos emperadores y reyes romanos, y que no debe tolerarse que, por medio de algunos príncipes u otros supeditados al Imperio Romano, se debilite o se disminuya lo que por bondad del emperador fue concedido a los clérigos.

En todo esto se puede demonstrar suficientemente que el poder eclesiástico en asuntos espirituales se funda en el derecho divino, del cual dice San Pablo: "Porque aunque con exceso me gloríe yo de la autoridad que me dio el Señor para edificación y no para destrucción vuestra, no por eso me avergonzaré (2 Co 10:8); y otra vez: "Por eso escribo esto estando ausente, para que, estando presente, no os tratare con más dureza según la autoridad dada a mí por el Señor para edificar y no para destrucción vuestra" (2 Co 10).[88]

El mismo San Pablo también demuestra la obligación jurídica, al decir: "¿Qué preferís? ¿Que vaya a vosotros con la vara o que vaya con amor y espíritu de mansedumbre?" (1 Co 4:21); y, hablando del proceso, escribe a Timoteo: "Contra un presbítero no recibas acusación alguna si no fuere aprobada por dos o tres testigos" (1 Ti 5:19).

De allí se deduce con suficiente claridad que los obispos no solamente tienen poder en el oficio de la Palabra divina, sino que también tienen poder para gobernar, para obligar y para castigar, a fin de que conduzcan a los súbditos a la salvación eterna.

A la autoridad de gobernar pertenece también el poder de juzgar, de decretar y de ordenar las cosas que sirven y que son útiles para alcanzar el fin ya mencionado. Por eso, todo cuanto presentaron los del partido opuesto, contra los sacerdotes y contra la inmunidad eclesiástica, es vano y nulo.

Por lo tanto, debe mandarse a todos los súbditos del Imperio Romano a que no lleven al tribunal civil a los clérigos, en contra de los privilegios imperiales concedidos a ellos. El papa y mártir Clemente dice así: "Si hay un asunto entre los sacerdotes, éstos no deben ser llevados ante los jueces civiles, sino que el caso debe ser juzgado por los ancianos de la Iglesia". Por eso, Constantino el Grande, emperador cristiano, no quiso juzgar a los obispos ni aun en asuntos civiles en el concilio de Nicea: "Vosotros sois dioses, dijo él, y puestos sobre nosotros verdaderamente por Dios. Id y allanad el asunto entre vosotros mismos, pues no conviene que nosotros juzguemos a los dioses".

---

88 Este último texto no es cita textual.

Lo que además concierne a las disposiciones de la Iglesia, a esto se contestó ya arriba suficientemente.

Tampoco les ayudará en algo la libertad cristiana que ellos aducen, porque esa no es una libertad sino que es un atrevimiento atroz y horrible, el cual, si al vulgo se le inculca, lo despertará a la más dañina y peligrosa sublevación. La libertad cristiana no contradice las disposiciones de la Iglesia porque estas sirven para el bien, mas, contradice a la servidumbre de la ley de Moisés y al pecado. Porque, "todo el que comete pecado es siervo del pecado", dijo Cristo (Jn 8:34). Por lo tanto, los que dejan de ayunar, los que comen libremente carne, los que abandonan las horas canónicas, los que no se confiesan en la Pascua de Resurrección, y quienes hacen y dejan de hacer cosas contra la exhortación de San Pablo, quien les advirtió seriamente con anticipación: "Vosotros hermanos, habéis sido llamados a la libertad; pero cuidado con tomar la libertad por pretexto para servir a la carne, antes servíos unos a otros por la caridad" (Gl 5:13). Por eso, nadie debe cubrir el pecado so pretexto de la libertad evangélica. Esto lo prohibió también San Pedro: "Como libres, y no como quien tiene la libertad cual cobertura de la maldad, sino como siervos de Dios" (1 P 2:16).

Lo que ellos aducen con respecto a los abusos: sin duda, todos los príncipes y los estados del imperio saben que ni siquiera el menor abuso fue alabado, ni por la majestad imperial, ni por príncipes algunos, ni por algunos cristianos, sino que todos quieren que los príncipes y los estados imperiales de común acuerdo y con voluntad unánime, se ocupen en exterminar los abusos y en mejorar las cosas, y que pongan fin absolutamente, en los dos estados, civil y religioso, a los excesos y a lo que es omitido, o que lo reformen para el bien, y que finalmente el estado religioso, ya debilitado, de muchas maneras, enfriado e inerte en muchos, entre de nuevo en boga y que sea restablecido en su anterior honra y gloria. Como todos lo saben, Su Majestad Imperial hasta aquí ha tenido mucho trabajo y nuevamente en no dejar arrebatarse de las manos el tratar este asunto con toda diligencia y cuidado.

Ahora que la Majestad Imperial ha escuchado a los dos, por medio de la Confesión y por medio de la Contestación actualmente leída, a efecto, que los electores, los príncipes y las ciudades concuerdan en muchos artículos con la Iglesia Católica Romana, y que no participan en la enseñanza impía que aparte y públicamente se disemina y se difunde a través de Alemania por medio de libritos, mas, la rechazan y la condenan; sea esta la confianza y la esperanza cierta de la Majestad Imperial, a saber, que los electores, los príncipes y las ciudades, ya que ahora han escuchado y recibido esta contestación, de aquí en adelante estarán unánimemente de acuerdo con la Iglesia Católica Romana, también en otros puntos donde, tal vez, hasta ahora no concordaban con ella, y que también en todos los demás asuntos se reconciliarán obedientemente con la Santa Iglesia Católica Romana y con la fe y religión cristiana, como estas han sido guardadas provechosamente en la cristiandad universal, y que obedecerán fielmente a Su Majestad Imperial. Esto será especialmente acepto a Su Majestad Imperial, y será reconocido y recompensado con gracia especial para con todos en conjunto, y, según haya oportunidad, para con cada uno en particular. Pues, no lo permita Dios, si hiciesen caso omiso de esta amonestación cristiana e indulgente, entonces, tengan en cuenta el elector, los príncipes y las ciudades, que deben declarar los motivos valederos; que deben prever y presidir en estos asuntos a conciencia en el oficio que les fuera encomendado, como corresponde, por Su Majestad Imperial, como emperador romano y cristiano que es, protector y abogado de la Iglesia católica y cristiana.

ÍNDICE

PGSTL